玩转元宇宙

吴贤波　　梁凯豪　　张宏智　编著

中国水利水电出版社
www.waterpub.com.cn
·北京·

内 容 提 要

本书对"元宇宙"这个概念进行了全面解读，阐述了元宇宙的起源，介绍了元宇宙的概念来源，各互联网、科技巨头的元宇宙布局，元宇宙的实现方式、运作方式和细分赛道，以及元宇宙发展所面临的风险和带来的机遇，打开了普通人参与元宇宙的大门。本书对元宇宙的发展进行展望，并介绍目前元宇宙在不同行业的应用，带读者玩转元宇宙，为读者了解和深入学习元宇宙奠定基础。

本书适合大众阅读，读完本书，读者将会对元宇宙有一个系统、全面的认识。

图书在版编目（CIP）数据

玩转元宇宙 / 吴贤波，梁凯豪，张宏智编著. -- 北
京：中国水利水电出版社，2022.11
ISBN 978-7-5226-1103-7

Ⅰ．①玩… Ⅱ．①吴… ②梁… ③张… Ⅲ．①信息经
济 Ⅳ．①F49

中国版本图书馆CIP数据核字(2022)第215977号

策划编辑：陈红华　责任编辑：赵佳琦　加工编辑：刘　瑜　封面设计：梁　燕

书　　名	玩转元宇宙 WAN ZHUAN YUANYUZHOU	
作　　者	吴贤波　梁凯豪　张宏智　编著	
出版发行	中国水利水电出版社 （北京市海淀区玉渊潭南路 1 号 D 座　100038） 网址：www.waterpub.com.cn E-mail：mchannel@263.net（答疑） 　　　　　sales@mwr.gov.cn 电话：（010）68545888（营销中心）、82562819（组稿）	
经　　售	北京科水图书销售有限公司 电话：（010）68545874、63202643 全国各地新华书店和相关出版物销售网点	
排　　版	北京万水电子信息有限公司	
印　　刷	三河市德贤弘印务有限公司	
规　　格	170mm×240mm　16 开本　10.75 印张　175 千字	
版　　次	2022 年 11 月第 1 版　2022 年 11 月第 1 次印刷	
印　　数	0001—2000 册	
定　　价	49.00 元	

凡购买我社图书，如有缺页、倒页、脱页的，本社营销中心负责调换

序一

"元宇宙"这一概念在这两年"火"得有些不可思议,但事实上,真正能够搞清楚这一概念的人并不多。

即便有许多资本注入,也不见得当事人就一定懂得什么是"元宇宙"——毕竟资本的运作,其目的是利润最大化,如今的市场,有钱赚的项目就自然而然会吸引资本,至于项目或概念具体是什么,反而无人去探究了。

即使那些专门讲解"元宇宙"的导师,也不一定清楚自己在说什么。

但是,如果你认为在资本运作之下的"元宇宙"毫无价值与意义的话,那就错了。因为在资本运作下的"元宇宙",实际上承载着前沿科技,即便它有可能会被资本方左右,成为资本方的赚钱工具,但它依然是人类文明前行的一次尝试。

因此,"元宇宙"的火热自有它的合理之处。

那么,"元宇宙"对于未来到底会有怎样的影响呢?

本书通过 7 个章节,对元宇宙的基本概念和各个科技巨头的布局进行了说明,同时通过 VR 和 NFT 这两个相对落地的领域展示了元宇宙是怎么实现的。

难得的是,本书总结了元宇宙的细分赛道,还指出了不同行业的应用。这为关注元宇宙的投资人以及投资机构,给出了较全面的视角。

最后,本书还关注到普通人如何参与元宇宙发展,也为大众的参与给出了参考方向。

衷心地祝愿,本书能给读者提供一个轻松愉快的学习过程,并让读者真正学到有用的内容。

大树　　天使投资人　国家高级理财规划师

曾任宝树资本　投资总监

千曲资产　投资总监

珠海大学生创业孵化园总负责人

珠海香洲区创业投资引导基金专家库专家

中国青年投资家俱乐部理事

序二

　　元宇宙在 1992 年以一个科幻片的形式首次出现，2020 年扎克伯格在访谈中表示脸书（Facebook）将转型为一家元宇宙公司，从此拉开元宇宙讨论的新热潮。元宇宙是随着 AR/VR 的发展而出现的，最初的元宇宙理念主要出现在游戏行业。2021 年 3 月，元宇宙概念第一股 Roblox 上市，成长为全球最大在线游戏创作平台，再次引爆元宇宙概念热潮。微软、谷歌、腾讯等大企业纷纷跟进布局。有些企业集中在硬件布局，而有些企业则专注于元宇宙的软件领域。正因如此，2021 年被称为元宇宙的元年。

　　本书通过分析元宇宙的发展和框架，介绍开展元宇宙业务的硬件、软件、应用等领域。本书的读者面向普通大众，以通俗易懂的语言和方式向大家介绍元宇宙的发展历程和应用方向。硬件（AI 芯片）是构建元宇宙最重要的基础设施之一。虚拟内容、区块链、人工智能技术等构成元宇宙的软件基础。高效的信息获取和处理将是元宇宙的信息基础。因此可知，压缩感知技术将在元宇宙广泛应用，压缩感知算法将在不同的元宇宙应用情景中出现。在可预见的未来，元宇宙将在游戏和虚拟社交中蓬勃发展。在游戏行业这个大市场中，玩家的参与感和体验感将更加深入；在虚拟社交中，每个人的感受将更加丰富逼真。

　　当然，除了游戏和虚拟社交之外，元宇宙在其他领域的应用也不断出现。在教育方面，元宇宙作为在线教育的新平台将重新定义在线教育的空间，支持学生的个性化学习，变革在线教育的教学模式和评价方式。教育元宇宙的潜力值得深入挖掘和分析，元宇宙在教育领域的应用成为玩转元宇宙的热点。在图书馆领域，元宇宙将对图书馆服务模式进行彻底性变革。图书馆元宇宙将图书馆从线上线下相结合的服务变革为纯线上服务方式，从文献服务变革为知识服务，从被动服务变革为主动服务，从而极大地提高图书馆的服务绩效和全程监控效率。在农业方面，元宇宙将给农产品物流行业带来新的改革，例如在农产品物流配送方式上，不再局限于陆空海运，而是通过元宇宙世界的数字科技升级实现物流信息的远程感知，提高农产品配送时效。元宇宙的应用可以解决农业生产受诸多环境因素影响的问题。通过构建整个农场的高精度三维模型，在元宇宙中设定好采摘机器人的运动规划方案，再映射到现实机器人中，实现农场的自主管理。在灾害应急管理中，元宇宙通过构建出高保真度的三维模型，创建虚拟场景，将真实情况如实反映到元宇宙场景中去，参演人员可以直观感受灾害场景，提高面对突发事件时的心理素质和应变能力。在会展方面，元宇宙会展将颠覆传统会展模式，不管是参展商、专业观众还是服务商都可以体验者身份进入元宇宙平台沉浸式观展。元宇宙在其他领域的应用将不断发掘。

希望本书能带领读者进入元宇宙世界。

梁凯豪
2022 年 5 月于流溪河畔

目　　录

第 1 章 什么是元宇宙?

1.1 元宇宙的概念

早在 1992 年,科幻作家尼尔·斯蒂芬森(Neal Stephenson)就在其创作的《雪崩》中第一次提出并描绘了元宇宙,在移动互联网到来之前就预言了未来元宇宙中人类的各种活动。而后,1999 年的《黑客帝国》、2018 年的《头号玩家》则把人们对于元宇宙的解读和想象搬到了大银幕上。

2020 年,疫情的影响催生人们生活的诸多变化:特拉维斯·斯科特(Travis Scott)在游戏《堡垒之夜》中举办了线上演唱会,高峰期有 1200 万人同时在线;加利福尼亚大学伯克利分校在游戏《我的世界》中举办了线上毕业典礼;Facebook 运营的 VR(Virtual Reality,虚拟现实)社交平台 Horizon 引爆热潮;美国的 ACAI(自动识别应用顾问)科技大会选择在游戏《集合啦!动物森友会》中举办。2021 年 3 月,元宇宙第一股 Roblox 成功在纽交所上市[1-3]。

元宇宙的英文名称是 Metaverse,其中 Meta 的意思是"超前",具有解构和重塑的含义,而 verse 由 Universe 一词演化而来。Metaverse 一词体现人类对事物本质和宇宙本源的探索、对理想化世界的追逐。实际上元宇宙一直存在于互联网,在 2D 时代,腾讯 QQ 用户会认为 QQ 秀是元宇宙,动漫迷认为《刀剑神域》是元宇宙,游戏玩家认为 Dreams 是元宇宙,这些场景基本满足了相应时段人类对"虚拟世界"的需求。进入 3D 时代,元宇宙目前的存在形态基本和消费级 VR/AR(Augmented Reality,增强现实)发展现状相似,以娱乐和游戏为主,未来还会面向其他垂直行业不断探索发展。目前,元宇宙概念的确切定义仍在被各方激烈探讨。

元宇宙是整合多种新技术产生的下一代互联网应用和社会形态,它基于扩展现实技术和数字孪生实现时空拓展性,基于 AI(Artificial Intelligence,人工智能)和物联网实现虚拟人、自然人和机器人的人机融生性,基于区块链、Web 3.0、数字藏品/NFT 等实现经济增值性。在社交系统、生产系统、经济系统上虚实共生,每个用户可进行世界编辑、内容生产和数字资产自所有。元宇宙的八大要素如图 1-1 所示[4-7]。

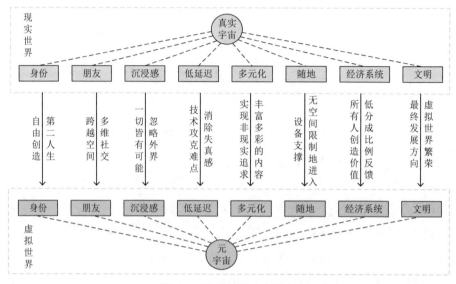

图 1-1　元宇宙的八大要素

从图 1-1 中可以看出，元宇宙有八大特征，包括身份（Identity）、朋友（Friends）、沉浸感（Immersiveness）、低延迟（Low Friction）、多元化（Variety）、随地（Anywhere）、经济系统（Economy）和文明（Civility）。

（1）身份：我们将拥有一个全新的、任意的虚拟身份，与现实身份无关。

（2）社交：我们可以交朋友，无论对方是真人还是 AI；我们可以畅聊，无论是天南海北的陌生人，还是身边的老友。

（3）沉浸感：当我们参与元宇宙时，可以沉浸在其中，忽略外界。

（4）低延迟：一个合格的元宇宙需要在整个空间范围上进行时间统一，不能让人感受到延迟。

（5）多元化：在元宇宙中，我们将能体验到丰富多彩的内容。

（6）随地：没有空间限制，我们可以随时随地进入元宇宙。

（7）经济系统：元宇宙应该拥有比现有的 MMORPG（Massive Multiplayer Online Role-Playing Game，大型多人在线角色扮演游戏）更为完善的经济系统，自成一体。

（8）文明：成熟的元宇宙应当发展出自身独特的文明，给予人们启示。

狭义的元宇宙把线下的世界映射到数字世界里面去，线上线下最后融为一体。狭义的元宇宙是一个比现在映射得更充分、更完备的虚拟世界，工作、生活、体验都成为虚拟世界的一部分，更重要的是，这样的元宇宙会进一步反过来作用于真实的物理世界。广义的元宇宙是纯粹建立在数字世界里的虚拟时空[8-9]。

元宇宙这个设想涉及许多公司，涉及整个行业。很多人想到元宇宙时，只会想到 VR，但元宇宙不仅仅是 VR。你可以在所有的计算平台上访问元宇宙，包括 VR、AR、PC（Personal Computer，个人计算机）、移动设备和游戏机。一些人认为元宇宙主要是玩游戏。娱乐是元宇宙的重要组成部分，但游戏不是全部。元宇宙是一个持久而同步的环境，让我们可以共处其中。这大概会是一种混合环境，它包含我们当今看到的社交平台，但却可以让我们以具象化的方式置身其中[10-12]。

元宇宙具有包容性，它能创造机会并为社会带来广泛而积极的影响。就社会而言，要让每个人都参与进来，逐步形成一个生态系统。元宇宙具有增强现实的作用，这能让我们的互动更加自然、丰富，感受也会更真实。未来，你会以全息图的方式坐在我的沙发上，我也会以全息图的方式坐在你的沙发上，而不是像现在这样打电话沟通，即使我们远隔万里，也会感觉身处一室。跟单纯在屏幕上进行视频会议，或者只能打电话，无法经常见面相比，当你拥有来自 AR 和 VR 提供的全息图时，你就越能住在你想住的地方，加入你想加入的社区[13-16]。

1.2　元宇宙的概念潮

1.2.1　Facebook 更名开启元宇宙新时代

Facebook CEO 扎克伯格在访谈中公开表示"Facebook 将有效地转型为一家元宇宙公司"。在访谈中，扎克伯格探讨了关于元宇宙的未来愿景，以及 Facebook 可能在其中发挥的作用。他表示，Facebook 将努力把科幻小说中描绘的终极互联体验搬到现实世界——简单来说，他们将建设一个名为"元宇宙"的世界。Facebook 在 2021 年初雇佣了 58604 名员工，有近 1 万人在其 AR/VR 团队工作，这大约占全体员工人数的 17%，比 2017 年的 5%有所增加。从 Steam 平台的 VR

设备数据来看，在 2021 年 2 月，Oculus Quest 2 成为 Steam 上最受欢迎的头显，且连续三个月，月度连接头显的总数量和占比均创下新高，其内容生态不断发展。截至 2021 年 3 月，Steam 内 VR 应用已达 5711 个，对比 2020 年 5 月增长比例为 14.6%，Oculus Quest 平台应用已达 258 个，增长比例为 38.7%。

2021 年 3 月，元宇宙概念第一股 Roblox 上市，成长为全球最大在线游戏创作平台，再次引爆元宇宙概念热潮。随着元宇宙概念持续渗透，Facebook、Google、腾讯等各大厂商分别从基础设施、游戏、内容、社交平台等方面积极布局元宇宙。主流厂商元宇宙概念布局情况如表 1-1 所示。Robolx 在线游戏创作平台特点如图 1-2 所示。

表 1-1　主流厂商元宇宙概念布局情况

公司	布局情况
腾讯	提出"全真互联网"概念，代理发行多人在线 3D 创意社区《罗布乐思》
Facebook	通过 Oculus Quest 设备布局 VR 领域，并且推出 Facebook Horizon 发力 VR 社交平台
Google	通过 Stadia 布局云游戏，同时通过 YouTube VR 布局软件和服务
NVIDIA	发布元宇宙基础模拟平台 Universe，可以让用户身临其境地连接到虚拟世界中
Epic Games	融资 10 亿美元持续加码元宇宙，推进在《堡垒之夜》和虚幻引擎等领域的发展
字节跳动	收购 VR 硬件公司 PICO，投资代码乾坤主要作品《重启世界》
米哈游	投资"社交元宇宙"Soul

允许开发人员和创作者开发、
发布游戏以及其他内容

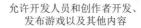

Roblox 客户端　　　　　　　　　　　　　Roblox 云

允许用户探索3D数字　　　　　　　　　　确保用户能顺畅体验平台
世界的应用程序　　　　　　　　　　　　　的服务和基础内容

图 1-2　Robolx 在线游戏创作平台特点

北京时间 2021 年 10 月 29 日的 Facebook Connect 2021 大会上，全球最大社交软件平台 Facebook 宣布将公司名称改为 Meta，即元宇宙 Metaverse 的前缀，同时更换公司的图标。而 Facebook 将成为与 Instagram、WhatsApp 等应用一样的 Meta 公司旗下产品。创始人扎克伯格表示，元宇宙会是下一个前沿，今后将是元宇宙优先，不再是 Facebook 优先，希望在未来十年之内，元宇宙覆盖 10 亿人、承载数千亿美元的数字业务。

VR 是通向元宇宙的关键路径，能够实现人机交互的沉浸效果。由于现阶段的元宇宙搭建大多停留在平面二维阶段，互联网和社交平台无法真正实现与虚拟现实世界的完全融合，同时手机或 PC 等电子设备无法为用户带来沉浸感。因此，VR 成为了真正实现元宇宙概念的重要途径，其可以为用户塑造近似真实的交互，提供深度感官体验，达到元宇宙概念中另一虚拟平行时空的效果。

从内容端来看，主流平台 VR 游戏的数量增长明显。游戏提供的沉浸式视听体验是元宇宙设计的重要载体，游戏构建的虚拟空间会成为元宇宙的快速通道。Steam VR 平台方面，根据青亭网统计，2021 年 9 月 Steam 支持 VR 总数达到 6051 个。Oculus 平台方面，截至 2021 年 9 月底，Oculus Rift 平台应用数量暂停更新，Oculus Quest 的平台应用数量为 308 个，环比提升明显。除了爆款 VR 游戏 *Beat Saber*、*Half-Life:Alyx* 以外，《行尸走肉：圣徒与罪人》、*Gorilla Tag* 等游戏的销量也逐步提升。Steam 平台支持、新增 VR 的游戏和应用数量分别如图 1-3 和图 1-4 所示。

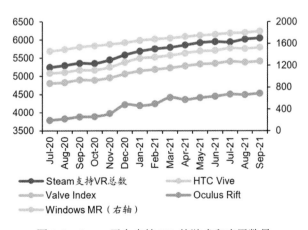

图 1-3　Steam 平台支持 VR 的游戏和应用数量

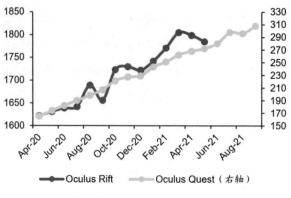

图 1-4　Steam 平台新增 VR 游戏和应用数量

1.2.2　Roblox 上市引爆元宇宙

游戏平台 Roblox 在纽约证券交易所上市引爆元宇宙概念潮。作为元宇宙第一概念股，美国东部时间 2021 年 3 月 10 日，在线游戏平台 Roblox 在纽约证券交易所上市，发行价为 45 美元，上市首日收盘即上涨 54.4%。而后股价一路上行，最高价达到 103.87 美元，6 月 4 日后股价掉头向下，截至 9 月 8 日，收盘价为 83.51 美元，较发行价翻了近一番。

Roblox 是一个允许用户探索三维数字世界的应用程序，是一款兼容了虚拟世界、休闲游戏和自建内容的游戏平台，其中的大多数作品都是用户自行建立的，玩家可以和好友及其他人在 PC、移动设备、主机和 VR 设备上一起加入。

高度交互、3D 沉浸、开放社区属性下，Roblox 的日活跃用户（Daily Active User，DAU）快速增长。2018、2019、2020、2020FYQ1，Roblox 的 DAU 数量分别为 1202 万、1762 万、3260 万、4210 万，增长势头强劲。高日活增长下，2020年 Roblox 的营业收入增速高达 82%。但公司仍处于亏损状态，部分源于平台维护费用和开发者分成比例提高。

Roblox 是一个风靡全球的大型游戏创作平台，同时服务游戏玩家和游戏创作者。作为一个具有沙盒属性的大型创作平台，Roblox 允许用户在平台上创作、售卖游戏，或者在平台上游玩其他人开发的游戏（官方称这些游戏为"体验"，下同），截至 2020Q3，平均每天有 3620 万余名来自世界各地的用户使用 Roblox 和朋友互动。

Roblox 于 2004 年创立，2013 年开始商业化，逐步发展至今。Roblox 于 2011

年登陆 iOS 系统，2014 年登陆安卓系统，2016 年登陆 Xbox，实现多端互通。2013年，Roblox 开发者交换计划上线，开启商业化进程；2019 年，Avatar 市场（用于交换玩家自制的皮肤等）上线；2020 年，会员制度上线，逐步推进货币化进程。

　　Roblox 由 Roblox 客户端（覆盖 PC、移动终端、主机等）、Roblox Studio 和Roblox 云 3 个元素组成，其中，Roblox 客户端是允许用户探索 3D 数字世界的应用程序，Roblox Studio 允许开发人员和创作者开发、发布游戏以及其他内容，Roblox 云能确保用户顺畅体验平台的服务和基础内容。

　　简单类比，Roblox 是 Steam 和 Unity 的结合体。在用户端，用户可以在 Roblox游玩各种各样的"体验"，与在 Steam 上的体验类似。截至 2020Q3，共有 0.18 亿款"体验"可供玩家探索，其中三分之二得到了至少一次游玩，这些游戏中最受欢迎的 *Adopt Me* 在 2020 年 6 月平均同时在线用户超过了 60 万人。如果这款游戏上架 Steam，或将成为同时期玩家数第三多的游戏。在开发与创意端，Roblox 没有默认的玩法或机制，开发者和创作者可以使用内置工具或 Roblox Lua 语言进行"体验"的开发，是简化的 Unity，虽然画面风格较为统一，但由于上手简单，支持多端互通，故同样能受到开发者和创作者的欢迎，且广泛应用于少儿教育领域。截至 2020Q3，约有 700 万名开发者在 Roblox 上创作或更新了自己的作品。不同年龄段的 Roblox 核心玩家占比如图 1-5 所示。

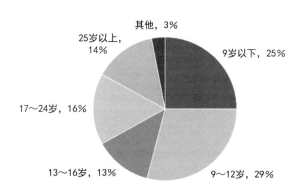

图 1-5　按年龄拆分的 Roblox 全球 DAU（2020 年 1—9 月）

　　从图 1-5 中可以看出，Roblox 的核心玩家以及创作者主要为青少年，平均使用次数远高于其他平台。Roblox 的用户大多数为小于 16 岁的青少年，根据公司招股说明书，三分之二的用户小于 16 岁，而其余三分之一的用户大多数也不超过

25 岁。根据全球性互联网信息服务提供商 ComScore 的统计，在所有线上娱乐方式中，青少年平均每月使用 Roblox 的次数远远高于其他线上娱乐方式。

Roblox 构建了完善的平台内经济体系，用户和开发者在 Roblox 平台内形成正循环。Roblox 的收入来源主要是用户在平台内的花销，主要包括：

（1）会员订阅服务。

（2）付费游戏购买。

（3）游戏内虚拟物品销售。

开发者主要通过 4 种途径获得分成收入：

（1）免费游戏按照玩家游戏时长分成。

（2）付费游戏销售。

（3）游戏内虚拟物品销售。

（4）开发者之间的内容和工具销售。

Roblox 的收入流向主要分为 4 个部分：应用商店分成（25%）、Roblox 分成（24.5%）、平台成本（26%）、开发者分成（24.5%）。Roblox 游戏内货币为 Robux，Robux 可以由美元兑换或者兑换成美元，开发者赚取的 Robux 需要由官方收取 26%的"平台成本"和 24.5%的抽成，其中平台成本主要用于 Roblox 服务器的维护，App Store、Google Play 等渠道还要拿走约 25%的抽成，最终开发者分到 24.5% 的收入。Roblox 平台收入和成本（之一）构成要素如图 1-6 所示。

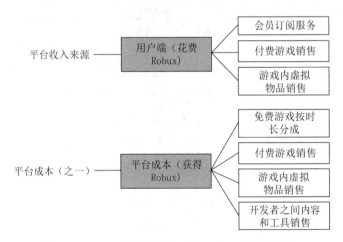

图 1-6　Roblox 平台收入和成本（之一）构成要素

　　Roblox 采用充值和订阅制面向用户变现。用户可以采用两种方式购买虚拟货币 Robux，一种是直接购买，另一种是成为 Roblox 会员（Roblox Premium）。会员除获得各种权益之外，还能每个月获得一定金额的虚拟货币 Robux。

　　创作者与开发者也可以从平台中获得较大分成，Roblox 为了鼓励创作者持续提供并维护优质内容，提供了多种渠道让创作者和开发者获得虚拟货币 Robux 分成，开发者和创作者获取了大量回报。2020 年 1—9 月，开发者和创作者从 Roblox 赚取了 2.092 亿美元。2019Q4—2020Q3，超过 96 万名开发者和创作者赚取了 Robux。其中，超过 2800 名开发者通过开发者交换项目换取了真实货币，超过 1050 名开发者每人至少赚得 1 万美元，249 名开发者每人至少赚得 10 万美元。

　　广告收入有望成为 Roblox 平台未来的收入增量。Roblox 具备很强的社交属性，具备高质量的年轻用户，在疫情爆发后，Roblox 加入了查看附近玩家、线上会议、派对空间、虚拟音乐会等玩法，进一步促进了游戏内虚拟社交活动的发展，虚拟社交的活跃也反过来增加了 Roblox 平台中的用户黏性。疫情期间，Roblox 的使用时长高速增长，使得 Roblox 成为一个理想的广告平台。目前 Roblox 商店中为创作者提供了 4 种广告形式，这些广告能够帮助开发者推广自己的游戏。未来，Roblox 可能在游戏中展示品牌广告，或者增加广告变现的方式。

　　广告收入和订阅收入的不同主要在于递延收入的增加。公司的订阅收入定义为经过现金调整的收入额，其主要来自于递延收入的增加，商业实质主要为玩家的虚拟货币 Robux 购买额。受疫情影响，玩家游戏时长延长并产生大量充值行为，导致公司的订阅收入在 2020 年 1—9 月达到了 12.40 亿美元，同比增长超过 170%，大幅超过同期收入增速。

　　各项投资和成本占订阅收入的比例降低，未来有望实现盈利。公司的投资和成本由渠道商分成、工资、开发者分成和直接投资构成，各项投资和成本占订阅收入的比例近期显著降低，由 2019 年 1—9 月的 87% 降低至 2020 年 1—9 月的 70%，主要是由于订阅收入的大幅增长摊薄了投资和成本所占比例，预计这一比例会进一步下降，未来公司有望实现盈利。

　　Roblox 在中国发展潜力较大，国内游戏创作平台任重而道远。Roblox 的发展对于国内平台有较强的借鉴意义，国内的游戏创作平台和 Roblox 差距较大，依然任重而道远。对比国内平台和 Roblox，Roblox 更加重视创作者的知识产权与入门创作者的获得感，Roblox 的创作者在 Roblox 平台的 UGC 知识产权归创作者和平台共有，且 Roblox 用户协议中更加重视创作者所拥有的权利，对于入门创作者而言，在 Roblox 上创作有望分得更多分成，这有助于 Roblox 不断获取新创作者，从而通过源源不断的 UGC 内容建立完善的平台生态。目前国内较大的游戏创作平台包括重启世界、唤境引擎等，由于生态、用户等各方面原因，目前尚处于起步阶段。

Roblox 移动端和客户端已经获得进口版号，在中国由腾讯代理，未来 Roblox 在中国市场发展潜力较大。2020 年 12 月 2 日，国家新闻出版署公布了新一批的进口游戏过审名单，《罗布乐思》获得移动端和客户端版号，在国内市场由腾讯代理。目前 Roblox 在中国市场竞争优势显著，有望获得腾讯未来导量。中国具备全球最大的青少年群体，未来 Roblox 在中国市场发展潜力较大。

1.2.3　元宇宙带来的机会

在元宇宙概念破圈之前，各互联网行业巨头就开始了相关上下游产业的积极部署。

Facebook：2014 年收购 VR 头显设备厂商 Oculus 后，不断完善其技术细节、产品体验和内容丰富度，使其成为占全球市场份额最高的 VR 头显品牌，持续引领 VR 消费级设备行业的火爆；2015 年发布的第一款 VR 社交应用 Spaces 目前已关停，取而代之的是 2019 年发布的更精致、更流畅、沉浸感更足的 Horizon——一个由整个社区设计和打造的不断扩张的虚拟宇宙。扎克伯格已宣布 Facebook 将成为一家元宇宙公司，连接所有可虚拟、可增强、可混合的娱乐内容商务生活等应用场景。

NVIDIA：公司凭借技术优势将成为元宇宙底层架构的建设者。2020 年发布 Omniverse：一个数字协作创作和数字孪生平台，拥有高度逼真的物理模拟引擎及高性能渲染能力，支持多人在平台中共创内容，并且与现实世界高度贴合。

腾讯：作为国内厂商在元宇宙布局的领跑者，其在基础设施和 C 端同时发力。2020 年，腾讯云推出智慧城市底层平台，标志着腾讯将迈入全真互联网时代。此外，公司已投资布局组成元宇宙的多个关键领域，而新一轮人事变动说明腾讯将从社交媒体入手发力元宇宙生态。

Epic Games：作为虚幻系列引擎的开发商和 CG 技术的领先者，于 2021 年 4

月宣布完成 10 亿美元巨额融资用来打造元宇宙。

除现有大厂外，初创企业也伺机而动，希望通过抢占先机，在细分领域突围。目前，游戏、沉浸内容、VR/AR、Metahuman 等领域都有不断的新"玩家"涌现。

大厂凭借丰饶家产将会在元宇宙角逐中更胜一筹。在我们看来，中国最有机会获得元宇宙首张门票的公司还是牢牢站稳了游戏、社交和长视频内容三大可沉浸领域的腾讯。此外，拥有短视频内容和直播资源的字节跳动、拥有大量可沉浸内容版权和一定 VR 内容产出能力的爱奇艺也有相当大的机会去争夺通往元宇宙的第二张门票，同时我们也相信其他巨头如阿里巴巴、哔哩哔哩（简称 B 站）面对元宇宙的召唤亦不会袖手旁观。

1.2.4　元宇宙概念热度持续发酵

芒果超媒：内容优势突出，内容电商+实景娱乐布局扩生态，作为国内融媒体龙头，"互动+虚拟+云渲染"三维布局芒果元宇宙。公司前身为快乐购物股份有限公司，2018 年后，受益于湖南广电对芒果系全产业链发起的有效整合，公司正式成为国内 A 股首家脱胎于传统广电系统的国有新媒体上市公司，基于在影视综艺内容制作方面的显著优势，在国内视频行业竞争中率先实现盈利。公司近年来持续布局内容电商、剧本杀等新兴赛道，探索多元化内容变现方式。公司在投资者互动平台表示，将通过"互动+虚拟+云渲染"三方面积极构建"芒果元宇宙"的基础架构。目前落地的产品及内容包括自主研发的虚拟主持人"瑶瑶""小漾"，以及上海剧本杀线下门店 MCity 中发布的 3232 张基于"明星大侦探"IP 的 NFT 数字藏品等。未来，公司将与中国移动共同创建联合实验室，同时基于国家 5G 重点实验室，有望在保持内容制作优势的基础之上，持续探索元宇宙内容及平台形态。

视觉中国：视觉素材平台龙头，布局 NFT 技术升级 500px 社区。视觉中国是一家国际领先的提供专业版权视觉内容与增值服务的平台型互联网科技公司，其前身为创办于 2000 年的图片库网站 Photocomc，2014 年借壳"远东股份"上市，深耕图片版权授权行业近 20 年，龙头地位稳固。2021 年 8 月，公司宣布上线 NFT 数字艺术交易功能，加速 NFT 赛道布局。公司旗下的摄影师社区 500px 将在技术、运营等各个环节为用户创作 NFT 艺术作品赋能，协助用户将图像、视频作品同步打包成链上的 NFT 资产，同时拓展全球市场，增强资产变现能力、提升社区活力。9 月，公司与北京国际设计周有限公司达成战略合作，依托此前共建的"文化北京"平台，打造以"文化北京"为优质 IP 的 NFT 艺术作品平台。公司作为国内图库龙头，地位稳固，拥有超过 6 亿的图片、视频等内容数据，300 万结构化标签库及人物、事件、金融、教育、旅游等垂类知识图谱，加入 NFT 赛道可谓顺势而为。在具备成熟完善的市场和监管环境前提下，未来发展潜力可期。

天下秀：虚拟社交产品"虹宇宙"问世，区块链赋能红人新经济。天下秀是一家基于大数据驱动型的新媒体营销服务公司，自 2009 年成立以来，经历了自博客时代以来的所有社交媒体的发展，是国内历史最为悠久、业务布局最深的红人经济公司之一。在深耕自有红人经济平台的同时，公司在元宇宙方面也有所布局。公司自研的"Honnverse 虹宇宙"是一款 3D 版虚拟社交产品，以 Z 世代的 3D 虚拟星球（P-LANET）为背景，为用户构建虚拟身份、虚拟形象、虚拟道具、虚拟生活及社交空间，将联合全球社交红人为全球用户打造一个沉浸式的泛娱乐虚拟生活社区，并基于 NFT 资产为用户提供使用和交流等应用场景。自 2021 年 10 月 21 日虹宇宙开启预约后，28h 内预约人数突破 5 万人；此次预约可获得登录券，用于后续抢占星产活动，活动中将空投 2 万套限量版 NFT 星产，包括虚拟房屋与土地，让用户开始登录 P 星即能得到归属感。公司将区块链、虚拟现实等前沿技术引入到红人新经济中，开启去中心化红人经济的新模式，重新定义红人社交资产，为红人们探索和打造新的展示平台和变现方式。

宝通科技：增持 VR 龙头哈视奇，布局 VR/AR 游戏。公司成立于 2000 年，于 2016—2018 年分三次收购易幻网络 100%股权从而切入游戏行业，目前形成游戏和工业互联网一体两翼的业务格局。子公司易幻网络是国内最早出海的手游发行商之一，曾发行包括《神雕侠侣》《天龙八部》等热门游戏。2021 年 8 月，公司与裸眼 3D 头部公司一隅千象签订战略合作协议，将在裸眼 3D、数字孪生等领域进行深度合作。10 月，根据三季报，公司已完成对国内头部 VR/AR 内容和解决方案供应商哈视奇的股份增持。至此，公司持有的哈视奇股份比例已增至 40.64%，为哈视奇第一大股东。公司在虚拟现实软硬件领域的持续布局，有望与自身游戏及工业互联网业务形成协同效应。游戏产品方面，公司将基于自研二次元手游《终末阵线：伊诺贝塔》，研发其裸眼 3D 的沉浸式版本《终末元宇宙》，同时与一隅千象合作开发多款 VR/AR 游戏。

国联股份：工业 B2B 电商龙头，高速增长逻辑持续印证。公司发布 2021H1 业绩，实现营收 140.34 亿元（yoy+141.65%），符合业绩预告，实现归母净利 2.16 亿元（yoy+90.06%），超出业绩预告上限（业绩预告区间 2.09 亿～2.12 亿元，yoy+83.76%～85.96%），公司业绩强劲增长主要由以多多平台为基础的网上商品交易业务驱动。公司深耕的工业 B2B 电商市场广阔，渗透率有望持续提升；通过在垂直行业平台的单品突破及 SKU 扩充，以及电商平台在不同行业的横向复制，自营"拼团模式"规模效应有望持续显现；平台用户黏性强，待转化用户规模大；产业互联网建设进行时，生态持续完善有望拓宽长期发展。

游戏龙头 2021H1 新品表现良好，行业监管政策逐步落地。根据《2021 年 7 月移动游戏报告》，2021 年 7 月，移动游戏市场实际销售收入 182.01 亿元，环比下降 6.28%，但同比增长 6.62%，环比下降主要由于《摩尔庄园》《阴阳师》《万国觉醒》等产品月流水下滑所致。中国自主研发游戏海外市场实际销售收入为 16.48 亿美元，环比增长 9.24%，主要由于《原神》2.0 版本正式上线，海外收入较上月增加。流水方面，2021 年 7 月，流水测算榜 TOP10 中，TOP3 排名保持不变，《梦幻新诛仙》和《率土之滨》表现抢眼。前者月流水超过 5 亿。2021H2 众多新游戏大作蓄势待发，游戏出海持续表现亮眼。优质内容面对渠道议价能力逐渐提升，重研发、做精品的游戏龙头盈利能力有望增强，5G 云游戏、VR/AR 新技术也在加快落地。

完美世界：公司发布 2021 半年报，实现营收/归母净利润/扣非归母净利分别为 42.07/2.58/0.38 亿元，同比下降 18.22%/79.72%/96.68%，符合业绩预告（预告 2021H1 归母净利 2.3 亿～2.7 亿元）。虽然短期主要受海外团队优化、前期业绩高基数等阶段性影响 Q2 业绩承压，但《梦幻新诛仙》等新游表现突出，后续优质产品线清晰，长周期运营下有望助力持续增长。根据七麦数据，开放世界回合制 RPG 产品《梦幻新诛仙》6 月 25 日上线，上线首日位列免费榜第 2 名，畅销榜第 9 名，截至 9 月 5 日仍位列畅销榜第 14 名；开放世界新品《幻塔》三测完成，表现良好，2021 年 12 月 16 日开启公测，截至 9 月 5 日，TapTap 评分 6.4 分，全网预约超 1082.2 万。众多优质新游上线有望迎来催化。ARPG（Action Role Playing Game，动作角色扮演游戏）《战神遗迹》已于 5 月 20 日公测，并将逐步推进出海进程。根据七麦数据，公司在运营产品 iOS 畅销榜排名整体表现稳健，近三个月，《诛仙》基本稳定 40～70 名、《完美世界》基本稳定 20～50 名、《新笑傲江湖》基本稳定 50～100 名。

吉比特：公司发布 2021 半年报，2021H1 实现营收/归母净利润/扣非归母净利分别为 23.87/9.01/7.05 亿元，同比增长 69.41%/63.77%/41.40%，《一念逍遥》及《问道》手游等新老产品助力业绩强劲增长。公司自研水墨风格放置修仙新品《一念逍遥》2 月 1 日上线，据七麦数据，排名最高达到 iOS 游戏畅销榜第 5 名，5 月 21 日上线仙魔版本后，iOS 畅销榜排名回升至榜单前 10 名，8 月 25 日上线道侣系统，截至 9 月 5 日，畅销榜排名仍维持第 10 名。国民级 IP 手游《摩尔庄园》6 月 1 日上线，首日上线 8 小时注册用户超 600 万，依托强社交属性实现快速破圈，首月注册用户破 3000 万，截至 9 月 5 日，游戏位于免费榜第 137 名，畅销榜第 100 名。《问道》手游表现稳健，截至 9 月 5 日，iOS 畅销榜平均排名 21，最高达到第 7 名。

三七互娱：公司发布 2021 半年报，报告期内实现营收 75.39 亿元，同比略降 5.63%；实现归母净利 8.54 亿元，同比下滑 49.77%，略超业绩预告上限（预告 7.8 亿～8.5 亿元）；实现扣非归母净利 6.38 亿元，同比下降 56.48%，主要因新品处于集中推广期，销售费用率较高。公司预计 Q3 营收环增超 15%，归母净利 7.46 亿～8.46 亿元，同比增长超 30%。公司优势品类 MMORPG 新品《荣耀大天使》1 月 6 日公测，据七麦数据，首月 iOS 游戏畅销榜平均排名 14；代理产品《斗罗大陆：武魂觉醒》3 月 16 日上线以来表现优秀，截至 9 月 5 日，在 iOS 游戏畅销榜排名第 84 名；模拟经营游戏《叫我大掌柜》5 月 1 日上线以来，截至 9 月 5 日，在 iOS 游戏畅销榜位于第 42 名。此外，公司出海表现亮眼，根据 Sensor Tower，公司欧美地区末日生存题材产品《末日喧嚣》和日本地区模拟经营产品《江山美人》表现优秀，分别位列 2021H1 中国手游收入第 14 及 28 名（海外 App Store+Google Play）。《斗罗大陆：魂师对决》7 月 22 日公测后表现突出，首日免费榜第一，畅销榜 Top10，截至 9 月 5 日位列畅销榜第七。

凯撒文化：2021H1 公司营收/归母净利/扣非归母净利分别为 4.70/2.12/2.10 亿元，同比增长 53.9%/80.6%/88.4%，业绩略超预告区间上限（预告归母净利+50%～+80%）；2021Q2 公司营收/归母净利/扣非归母净利分别为 1.83/0.62/0.62 亿元，分别同比增长 42.4%/73.6%/87.6%。据公司公告，公司 10 年合约深度绑定字节旗下的朝夕光年，在游戏发行、渠道、运营、IP、广告全面开展战略合作。朝夕光年的发行能力已逐步得到印证，其代理的《航海王热血航线》上线首日登顶 iOS 免费榜，5 月流水位列 Top5。《荣耀新三国》于 2021 年 9 月 2 日全平台上线，首日位列 iOS 游戏免费榜第二，畅销榜第 36 名，截至 9 月 5 日，在 iOS 游戏畅销榜位于第 18 名。《火影忍者：巅峰对决》同样已获版号，国内由字节跳动独家代理，TapTap 评分达 8.1 分。头部发行平台助力下，新品表现可期，公司有望逐步进入业绩释放期。

去中心化内容生态及产业链。头条及快手系用户规模及渗透率在短视频系列产品的拉动下快速提升，成长为新型流量巨头，整个互联网生态去中心化趋势愈发明显。直播电商和内容营销的业务规模持续快速扩张，渗透率加速提升，直播电商成为众多品牌的标配工具。据抖音电商官方公众号，2021 年 4 月 8 日抖音电商首届生态大会在广州举行，抖音电商负责人首次公布"兴趣电商"概念，即"基于人们对于美好生活的向往，满足用户潜在购物兴趣，提升消费者生活品质的电商"，并提出据测算兴趣电商的 GMV 到 2023 年大概会超过 9.5 万亿。2021 年 6 月 23 日，据央广网，快手 CEO 宿华透露快手全球月活跃用户数达到 10 亿。行业目前仍处于混沌期向规范运营转变的阶段，随着行业进一步规范化，内容平台继续扩大生态覆盖以及加强变现，产业链上各环节将继续分化，马太效应进一步显现。据艾瑞咨询预测，短视频及直播营销市场规模将在 2019—2025 年间以 33.7% 的年均复合增长率高速增长，至 2025 年达到 4653 亿元。2021 年 8 月 1—18 日期间抖音电商举办了"抖音 818 新潮好物节"，根据抖音电商官方数据，活动期间电商直播间时长累计达 2354 万 h，直播间累计观看 304 亿次，品牌自播、快手小店销售额均实现突破性增长。业界看好平台型公司，以及相关营销、MCN 龙头公司。

快手发布半年度业绩，2021Q2 营收 191.4 亿元，同比增长 48.8%，环比增长 12.5%；Non-IFRS 调整后净亏损 47.7 亿元，亏损同比扩大 28.3 亿元，环比收窄 1.5 亿元。2021Q2 快手应用平均 MAU 为 5.06 亿，同比增长 6.7%，环比下降 2.6%；平均 DAU 为 2.93 亿，同比增长 11.9%，环比下降 0.7%；用户黏性（DAU/MAU）达 57.9%，同比增长 2.7%，环比增长 1.1%；日活用户平均使用时长 106.9 分钟，同比增长 25.2%，环比增长 7.7%；海外方面，2021H1 南美、东南亚及中东为主要拓展市场，截至 2021 年 6 月 MAU 超 1.8 亿。直播电商 GMV 达 1454 亿元，同比增长 100.5%，环比增长 22.6%。

1.2.5 字节跳动等大厂加速布局元宇宙

字节跳动收购 VR 硬件厂商 Pico，加码布局元宇宙。据财联社，字节跳动于 8 月 29 日正式收购 Pico，Pico 将并入字节跳动 VR 相关业务，整合字节跳动的内容资源和技术能力，在产品研发和开发者生态上加大投入。此前，字节跳动在 VR/AR 领域已进行了长期的研发投入，在交互系统、环境理解方面均收获了技术成果，并于 2021 年 4 月斥资 1 亿元投资了元宇宙概念公司——代码乾坤，此次并购是继 Facebook 和 Oculus 之后互联网巨头与 VR 硬件产品公司的又一次结合，Pico 是字节跳动在 VR 硬件领域的重要布局，未来有望凭借自身社交、全球化方面的优势将内容应用到下一代终端设备 VR 硬件中。

Pico 成立于 2015 年，是国内领先的 VR 硬件厂商，据 IT 桔子，其 CEO 周宏伟曾任歌尔副总裁并负责 VR 产品线，核心团队成员曾任职于索尼、华为、LG、IBM 等公司。此次收购前，Pico 共完成了四轮融资，其中天使轮信息未披露，2018 年 7 月完成 1.675 亿元的 A 轮融资，投资方包括广发信德、巨峰科创等；2020 年 12 月完成 1.93 亿元的 B 轮融资，投资方主要为中电中金基金、中金资本等：2021 年 3 月完成 2.42 亿元的 B+轮融资，引入建银国际、建银苏州、基石资本等投资机构。

根据 IDC 最新数据，2021Q2 全球 VR 头显出货量同比增长 52.4%，所有产品形态中 VR 一体机出货量最大，本季度市场份额为 82.7%，其增速同样高于行业整体。Pico 始终专注于一体机，提升硬件体验，丰富内容生态双管齐下，目前推出的硬件产品包括 Pico1、PicoNeo、Pico Goblin VR、Pico Neo 2/3 等。2021Q1 Pico 硬件销量以 41% 的市场份额位居中国 VR 市场份额第一（IDC 数据），全球市场份额为 8.9%，位列第三。Pico 推出的软件内容包括 Pico VR 助手、Pico 飞屏助手、Pico Store 等。

百度召开世界大会，引入"希壤"虚拟空间多人互动平台。2021 年 8 月 18 日，百度召开"百度世界大会 2021"，本次大会 VR 会场由百度大脑、未来出行、未来生活、AI 教练四大展区组成，以沉浸式、可感知和互动性为核心，打造了由无数芯片、集成电路和流动数据构成的"百度世界"。大会期间，依托 5G、百度云手机技术和全新升级的百度"希壤"虚拟空间多人互动平台首次引入 VR 会场，参会者化身流动数据在芯片化城市中穿梭，在虚拟世界中观看直播的同时，与 AI 教练、汽车机器人等"穿越时空"相见，实现了虚拟世界与现实世界间无缝切换的"沉浸感"体验。

腾讯投资 VR 游戏开发商威魔纪元，入局 VR 游戏领域。据企查查，威魔纪元（Vanimals）于 2021 年 9 月 1 日完成工商登记变更，腾讯旗下投资公司为其新增投资人，同时其注册资本新增 20 万元人民币，占比 19.05%。威魔纪元成立于 2016 年，是一家 VR 游戏开发商，该公司主要成员来自全球顶级的手游开发公司 Glu Mobile 和 Gamloft，有多年的单机和网络游戏原创开发和全球游戏发行经验。威魔纪元的主要产品是与美国 GluMobile 合作的《永恒战士 VR》，这是一款结合近身格斗、远程攻防、多人合作为一体的次世代 VR 动作游戏，该游戏上线 5 个月便售出 1.5 万份。腾讯此次入股威魔纪元代表其正式入局 VR 游戏领域，彰显了其布局元宇宙的决心。

阿里巴巴成立杭州数典科技新公司，经营范围包含 VR 设备制造。据企查查，杭州数典科技有限公司于 2021 年 8 月 30 日成立，法定代表人为朋新宇，注册资本为 1000 万元人民币，经营范围包含：信息系统集成服务，互联网数据服务，信息咨询服务（不含许可类信息咨询服务），虚拟现实设备制造等。

海外 VR Oculus 稳居市场份额第一，Oculus 生态内应用内容迅速丰富。2021 年 8 月，SteamVR 活跃用户数占比略微下降，用户总量突破 200 万。根据 Steam 平台公布的数据统计，2021 年 8 月 SteamVR 活跃玩家占 Steam 总玩家数量的 1.74%，较上月（2.07%）下跌 0.33%。2021 年前几个月，PCVR 活跃用户几乎保持在 2.2%～2.3%大关，6 月份出现大幅回落，7 月用户数开始回升，8 月继续出现下滑。各平台 VR 内容数据如表 1-2 所示。

表 1-2　各平台 6—8 月 VR 内容数据　　　　　　　　单位：款

平台	VR 内容数据	8 月	7 月	6 月
Steam （游戏+应用）	支持 VR 总数	6018	5941	5950
	HTC Vive	5759	5771	5706
	Valve Index	5384	5405	5350

续表

平台	VR 内容数据	8 月	7 月	6 月
Steam （游戏+应用）	Oculus Rift	4496	4505	4450
	Windows MR	1801	1791	1766
Oculus （游戏+应用）	Oculus Rift	—	—	—
	Oculus Quest	296	298	280
	App Lab 测试平台	542	459	370
	支持跨平台购买	139	134	130
SideQuest （游戏+应用）	总数	1813	1757	1603
	付费	439	380	355

硬件/设备方面：

据青亭网，2021 年 8 月份 Steam VR 活跃设备前三为 Oculus Quest 2（yoy -32.56%）、Oculus Rift S（yoy +18.09%）、Valve Index HMD（yoy-15.99%），排名前三机型已经持续半年无变化，其中 Oculus Quest 2 在 6 月和 7 月均保持高速增长，8 月有所回落，但仍保持活跃度第一。硬件品牌分布情况方面，8 月份 Steam VR 前四大品牌分别是 Oculus（占比 61.15%）、Valve（占比 15.99%）、HTC（占比 14.55%）、Microsoft WMR 系列（占比 5.79%）。

软件/应用方面：

（1）Steam 平台：2021 年 8 月份，Steam 平台应用总量为 101639 款（环比增长 2.56%），其中支持 VR 的内容为 6018 款（环比增长 1.30%），占比约 5.92%，其中 VR 独占内容（游戏+应用）共计 5049 款（环比增长 1.20%），占总 VR 内容数量约 83.97%。

（2）Oculus 平台：截至 2021 年 8 月底，Oculus Quest 平台应用数量为 296 款，其中包含预售应用。Oculus Rift 平台中支持跨平台购买的游戏为 139 款，增速缓慢。Oculus 官方测试平台 AppLab 应用和游戏数量达 542 款，自 2 月份首发测试后增速惊人。

（3）SideQuest 平台：据青亭网统计，SideQuest 最新应用数量达 1813 款，其中付费应用有 439 款。

Roblox 收购 Guilded 加码社交，Facebook 推出 VR 会议软件。2021 年 7 月，Roblox 数据表现亮眼，用户规模扩张拉动总营收增加的同时用户黏性持续增强。

Roblox 于美国时间 2021 年 8 月 16 日公布 2021Q2 季报，同时披露 6、7 月份用户数据。据官方披露数据，财务数据方面，预计 7 月份流水在 2.21 亿～2.24 亿美元之间，同比增长 19%～21%，环比增长 10%～11%。营收为 1.61 亿～1.63 亿美元，同比增长 111%～113%，环比增长 2%～4%。运营数据方面，平台 DAU 达到了4660 万，环比增长 8%，同比增长 28%。总活跃时长达 38 亿小时，同比增长 22%，环比增长 16%；单 DAU 活跃时长为 2.63 小时，环比增长 7%。ABPDAU 在 4.75～4.81 美元之间，同比下滑 5%～7%，环比增长 2%～3%；用户规模扩张拉动总营收增加的同时用户黏性持续增强。

Roblox 于 2021 年 8 月 17 日宣布对线上聊天软件和游戏社区 Guilded 完成了收购。Guilded 与游戏聊天服务巨头 Discord 类似，用户在 Guilded 平台上进行文本和语音对话的同时可以围绕活动和日历组织社区或围绕锦标赛计具体功能。目前，Guilded 的产品支持数百种游戏，包括英雄联盟、堡垒之夜、*CS:GO* 以及 Roblox等。Roblox 表示 Guilded 将作为一个独立的产品组继续运营，此次收购对 Roblox为平台未来 Metaverse 产品搭建社交方面的"基础设施"有重要战略意义。

2021 年 8 月 4 日，Facebook 现实实验室（Reality Labs）推出了一款头显原型机，该款头显由硬件子系统和软件子系统组成，硬件部分包括光场显示器和立体相机系统，软件部分包括人眼图像合成程序、相机和显示器校准程序以及光场渲染程序。人们可以透过头显"看到"佩戴者的眼睛，实现双方之间的眼神交流，避免沟通时无眼神交流而尴尬。

2021 年 8 月 19 日，Facebook 在 Oculus Quest 2 上推出了一款名为 HorizonWorkrooms 的新 VR 会议软件，目前在公测阶段。几年前 Facebook 就曾提出建立一个虚拟现实的元宇宙世界，并命名为 Horizon，此次的 Workrooms 是 Facebook为 Oculus 构建的 Horizon 项目的一部分，Facebook 官方将其描述为一种 VR 协作工具，可为团队提供跨 VR、网页端的虚拟空间，让人们联系和协同工作。

1.3 科技巨头在元宇宙布局方向的研究框架

海内外科技公司均争先恐后大力布局元宇宙，意在抢滩下一代超级计算平台。回溯互联网革命史，我们发现在新旧时代代际交替过程中，总会有新生力量不断壮大直至成长为新时代的主导者，部分旧时代的霸主则慢慢衰落退守一隅甚至消亡于历史长河。根据触发因素的不同，互联网的发展史大致历经 3 次技术革命：

（1）Web1.0——计算机普及带来 PC 互联网。1971 年，首款 PC 诞生，其应用领域从科学研究、政府机构逐步走向家庭。20 世纪 90 年代互联网大发展，这一时期的科技巨头为 IBM、Microsoft、Google、Yahoo、搜狐、新浪等互联网公司。

（2）Web2.0——4G 加速移动互联网发展。2000 年左右，3G 奠定了移动互联网的基础，新闻客户端、手机游戏得到发展，2007 年第一代 iPhone 发布，加速智能手机普及。2010 年之后，4G 驱动移动互联网大发展，全面颠覆人们的生活、体验以及价值认知，如手机游戏、社交、网络购物、线上生活服务等。新一批互联网巨头如 Facebook、Twitter、腾讯、阿里巴巴等接棒新时代的主导权。

（3）Web3.0——5G 孕育下一轮新技术革命。从国家层面看，5G 成为大国科技竞争的制高点。从技术层面看，未来更加先进的 AI、XR、大数据、云计算等都将围绕 5G 产生变革，已知或未知的新生力量也正在不断壮大[17-20]。

元宇宙指向互联网下一代形态，而成为元宇宙的超级巨头，意味着强有力的话语权与产业链的优势地位，因此元宇宙时代巨头之争一定会是一场全世界范围内的终局之战。电影《头号玩家》中的一句台词——"It is a war to control the future."，为这场终局之战作了很贴合的注解。或主动或被动，在这场未来之战的终局到来之前，科技公司们不会停下脚步。

在不确定性中尽可能把握确定性，我们确定元宇宙一定会到来，sooner or later，我们关心的是，潜在竞争者胜算几何？元宇宙尚处于早期发展阶段，科技公司们的一举一动既是为自身行业地位添砖加瓦，同时也是在共同塑造着元宇宙的最终形态。因此，我们通过跟踪海内外科技公司的元宇宙布局动向，一方面能够动态评估各科技公司的未来潜力，另一方面也能够持续感知元宇宙的成熟程度。我们本系列研究以 Facebook 为开篇。

元宇宙的构建是一个庞大而复杂的系统化工程，我们尝试按照价值传导机制，以体验的升级为终点，倒推实现这种体验所必备的要素，进而分拆出元宇宙研究框架的六大组件。首先是提供元宇宙体验的硬件入口（VR/AR/MR/脑机接口），其次是支持元宇宙平稳运行的基础设施（5G/算力与算法/云计算/边缘计算）与底层技术（引擎/开发工具/数字孪生/区块链），再次是元宇宙中的 AI，最终呈现为百花齐放的内容,以及元宇宙生态繁荣过程中涌现的大量提供技术与服务的合作方。

元宇宙研究框架的六大组件如表 1-3 所示。

表 1-3 元宇宙研究框架的六大组件

组件	说明
硬件	XR 设备将是通往元宇宙的第一入口
	硬件入口非常多,除了 XR,还有智能耳机、脑机接口等
	2021 年 VR 设备出货量,奇点将现
基础设施	5G:通信保障,承载高带宽,实现低延迟
	算力:元宇宙将持续带来巨量的计算需求
	算法:边缘计算与云计算实现高效分配算力
底层技术	区块链:为元宇宙提供一套经济运行规则
	数字孪生:企业/工业元宇宙、城市元宇宙的必经之路
	引擎:为创作者提供开发设计工具、创作平台
人工智能	过去六十年,AI 一直在从感知向认知层面升级
	元宇宙时代,AI 可以代替人发挥一些关键生产要素的作用
内容	预计游戏会是元宇宙的起点
	社交及其他泛娱乐 C 端应用
	包含更广泛的 B 端应用场景
合作方	元宇宙催生新市场新业态,进而产生新巨头,带动合作伙伴受益
	作用是繁荣生态,不论是技术商还是服务商,其发展路径预计复制互联网过往的合作同方

我们按照元宇宙研究框架的六大组件,来跟踪当前海内外科技公司的元宇宙布局动向,以判定各巨头的优劣势环节。硬件入口(VR/AR/MR/脑机接口)作为元宇宙的入口直接决定用户规模;内容是抢夺用户注意力的关键;基建及底层技术影响元宇宙世界的运行稳定性;AI 将成为元宇宙时代重要的生产要素。综合来看,Facebook、Apple、Microsoft 具备硬件、内容、场景与底层架构等多重优势;腾讯、字节跳动拥有全球化流量优势,并持续补足相对短板;Microsoft、华为、百度、阿里巴巴基于技术积累不断夯实底层基建;以太坊、NVIDIA 卡位经济体系与开发工具等关键环节……

1.3.1　最激进的元宇宙巨头——Facebook

《科技巨头布局元宇宙》系列报告以 Facebook 为第一家，是因为 Facebook 是目前国内外元宇宙布局最为激进的科技巨头，其计划 5 年内转型为一家元宇宙公司。扎克伯格表示，元宇宙是下一个前沿，从现在开始，公司将以元宇宙为先，而不是 Facebook 优先。按照我们上文划分的元宇宙研究框架的六大组件，Facebook 在硬件入口、底层技术、AI 以及内容这四大组件方向上均着力布局。

从社交媒体转型元宇宙，Facebook 发展方向明确，或许是以最终的社交为目的。Facebook 创始人扎克伯格对元宇宙的理解是，"元宇宙就是更具象的互联网"，"在那里，你不只是观看内容，而是身在其中。你感觉和其他人待在一起，获得不同的体验。这是你在 2D 平面应用程序或网页上无法体验到的"。解读"身在其中"，Facebook 元宇宙非常强调沉浸感，这也能够解释 Facebook 在 VR 设备上的大力投入；解读"2D 平面应用程序或网页上无法体验到的"，元宇宙绝不仅仅是游戏体验，而是融合 2D 元素或 3D 元素的娱乐。Facebook 元宇宙的综合性体现在，将原本人类世界所使用的 2D 平面数字体验转化成了 3D 数字体验并让人沉浸其中。

以 Facebook 2016 年发布的十年路径图作为印证，AI 与 AR/VR 是其远景布局中的两大支柱。该规划展示了工程+研究的取向，可以预计 Facebook 会通过一些工程类的落地项目，不断积累数据、资金和用户，催生 AI 和 VR 产品，并最终改变人机交互形式。

2020 年起，Facebook 密集布局元宇宙，实质上也是忠实地遵循了自身的发展路径。

扎克伯格从对元宇宙的理解以及 Facebook 的状况出发，具体提出三大发展方向：互联互通、新经济模式、公共空间。

（1）互联互通。从现阶段布局情况来看，Facebook 面对这类问题采用的是一种建立在非开放理念上的开放平台策略。以 Oculus 账号与 Facebook 账号合并、AppLab 平台为例强调开放、互联、共生的网络生态发展大趋势，但同时 Facebook 也在发力自研闭环生态的构建，对下一代计算平台的掌控权蠢蠢欲动。

（2）新经济模式。扎克伯格对元宇宙工作的愿景是机会均等，人人可参与，他希望"最终会有数百万人参与并创造内容，无论是体验、空间、虚拟商品、虚拟服装，还是帮助策划、介绍人们进入空间并确保其安全地工作"。目前看来，用来实现这一愿景的最可能的工具/平台是 Horizon。2019 年上线以来，Facebook 利用 Horizon 已经进行了大量实践与迭代，包括开源一个 Horizon 的编到编应用强化学习（RL）平台，促使其从研究论文的实用工具过渡到生产环境必需品。

（3）公共空间。扎克伯格认为去中心化会是元宇宙诞生之际的基本属性，因此无政府的公共空间是否存在将影响元宇宙各项基础搭建以及内容填充。并且，公共空间应当由非营利性组织而非政府运营，以创造健康的社区空间。

硬件入口：Oculus VR 一骑绝尘，发力自研构建闭环生态。Facebook 于 2014 年收购 Oculus，补齐硬件短板。Oculus VR 头显按时间顺序排序：Oculus DK1/DK2、PC VR Oculus Rift CV1、PC VR Oculus Rift S、Oculus Go VR 一体机、Oculus Quest VR 一体机、Oculus Quest 2 VR 一体机。根据 Counterpoint 机构公布的 2021Q1 全球 VR 设备品牌的份额排行榜，Facebook 旗下的 Oculus VR 以绝对优势排名第一（75%），大朋 VR（6%）和索尼 VR（5%）位居第二和第三名。Counterpoint 还表示，2021Q1 VR 设备以 85%的出货量份额领跑全球 XR 市场；其中，Oculus Quest 2 的贡献最大。Oculus 历代 VR 设备如表 1-4 所示。

表 1-4 Oculus 历代 VR 设备

VR 产品	质量/g	显示屏	分辨率	刷新率/Hz	处理器	内存/GB	追踪技术	声音类型	头带
Oculus DK2	440	OLED	单眼 960×1080	60/72/75	—	—	3 DOM	—	软头带
Oculus Rift CV1	380	OLED	2160×1200	90/120	—	—	6 DOM	自带耳机	橡胶头带
Oculus Rift S	487	LCD	单眼 2560×1440	80	—	—	6 DOM	内置定位音频	环状头箍
Oculus Go	468	LCD	1280×1440	60/72	高通骁龙 821	32/64	3 DOM	环绕立体声	软头带
Oculus Quest	571	OLED	单眼 1440×1600	72	高通骁龙 835	64/128	6 DOM	内置定位音频	半硬头带
Oculus Quest 2	503	LCD	单眼 1832×1920	60/72/90	高通骁龙 XR2	128/256	6 DOM	内置定位音频	软头带

VR 头显之外，Facebook 与雷朋合作推出的 Ray-Ban Stories 智能眼镜搭载了双 500 万像素摄像头，采用触控操作，内置扬声器和麦克风，支持拍照、录像、听音乐、语音通话等功能。

与硬件相配套，Facebook 正在开发自研操作系统，希望打破 Android 的垄断。该项目的负责人之一是曾参与过 Windows NT 开发的 Microsoft 前员工 Mark Lucovsky。Facebook 希望能打造类似苹果一样的闭环生态，希望能控制包括硬件设计、芯片、操作系统等每个环节在内的整个生态系统。

内容：VR 游戏先行，社交优势持续放大。Facebook 通过投资收购一系列知名 VR 游戏开发商、影视内容制作方等以补充内容板块。

- 2017 年 9 月，投资 360°视频与 VR 内容制作平台 Blend Media。Blend Media 团队建立了全球最大的 360°视频和 VR 影片库，并广泛应用于多家社交媒体，这次投资带给 Facebook 的不仅是在其社交平台上更多更丰富的沉浸式视频，更是 Facebook 对于涉足 VR 产业的一次尝试。

- 2019 年 11 月，收购 VR 游戏 *Beat Saber* 的开发商 Beat Games。*Beat Saber* 这款游戏使得 VR 游戏首次广泛进入公众视野，通过这次收购，Facebook 成功吸引了一批 VR 开发人员，为后续的 VR 产业发展奠定了基础。

- 2019 年 12 月，收购云游戏公司 Play Giga。该公司成立于 2013 年，是一家西班牙的本土游戏公司，Facebook 这次收购扩大了其在全球范围内的 VR 游戏产业影响力，表明其进一步进军视频游戏市场的意图。

- 2020 年 2 月，收购游戏开发商 Sanzaru Games。该公司近 100 名员工加入 Facebook 公司 VR 部门，该游戏开发商开发的 VR 游戏 *Asgard's Wrath* 曾获得玩家高度评价，这次收购将使得 Facebook 在构建 VR 游戏生态上获得更大的助力。

- 2020 年 6 月，收购 VR 游戏 *Lone Echo* 的开发商 Ready At Dawn。Ready At Dawn 一直是 VR 生态和 Oculus 平台的大力倡导者，在 Facebook 收购 Oculus 时，该游戏开发商就已经准备踏足 VR 领域。Facebook 对于 *Lone Echo* 所展现出的 VR 叙事冒险情节也表现了出极大兴趣，认为其将为 VR 冒险类游戏制定标准。

- 2021 年 5 月，收购 VR 游戏 *Onward* 的开发商 Downpour Interactive。该游戏近年来一直是比较卖座的 VR 游戏之一，目前已经在 Rift 以及 Quest 平台上线，Facebook 的这次收购是其一直以 VR 游戏为切入点的布局策略的延续。

- 2021 年 6 月，收购 VR 游戏 *Population:One* 的开发商 BigBox。Facebook 在一份官方声明中评价 *Population:One* 一直是 Oculus 平台上表现最好的游戏之一。

Facebook 自身及旗下社交平台持续丰富虚拟体验，升级交互形式，疫情期间大放异彩。

- Facebook 主站：作为对 VR 视频的尝试，3D 全景视频针对更丰富更真实的视频互动需求，用户可以在 Facebook 新闻流中看到 3D 全景视频，通过移动鼠标，不断改变视角。Facebook 的 3D 全景视频也将在其头戴 VR 设备 Oculus Rit 上呈现。Workplace 是在疫情大流行背景下，Facebook 尝试为企业和员工提供更多的居家办公和视频互动的解决方案，允许用户直播以及实现多人聊天功能。

- Messenger：Facebook 旗下的 Messenger 整合第三方工具，使用户可以通过第三方工具在 Messenger 平台上进行社交分享，包括对图片进行动画编辑，实现动态图像，让照片与语音结合等功能。早在 2020 年下半年，Oculus 就开始强制要求用户使用 Facebook 账户进行登录，预计在 2023 年用户可在戴着 Quest 头显的情况下，使用内置的键盘输入或语音转文本功能，与 Messenger 好友进行聊天互动。

- Horizon：2021 年 8 月，Facebook 推出远程办公应用程序 Horizon，利用 VR 设备可以实现在虚拟现实中进行会议。Facebook 副总裁曾透露 Facebook 内部已经率先使用该程序，并认为推出 Horizon 将会是 Facebook 向元宇宙迈出的重要一步。

- Instagram：Facebook 旗下社交媒体平台之一的 Instagram 在疫情流行期间利用 VR/AR 技术，与博物馆合作，在社交媒体应用程序中提供虚拟博物馆之旅服务。参与 Instagram 业务的博物馆包括凡尔赛宫、大皇宫和史密森尼学会，后者有十多家博物馆与之相关，包括美国国家历史博物馆、史密森尼美国博物馆和史密森尼学会大楼。

底层技术：自研+收购充实技术储备，积极推广数字货币。Facebook 旗下的 Reality Lab（前身为 Oculus Research）作为元宇宙研发部门，重要性与地位不断拔高。Facebook 在公布 2021 年第三季度财报时公布了全新的报告机制：往后季度将以 Family of Apps 与 Reality Lab 两项业务的形式报告业绩，其中 Family of Apps 包括 Facebook、Instagram、Messenger、WhatsApp 和其他服务，Reality Lab 包括 AR/VR 硬件、软件和内容。

除自研之外，Facebook 通过密集投资进一步充实技术储备，投资方向较为集中，主要包括计算机视觉、面部视觉、眼动追踪、AI、VR/AR 变焦技术等。Facebook 有能力将一系列前沿科技整合后以极低成本快速注入市场。

- 2014 年 6 月，收购西雅图 Xbox 360 手柄设计团队 Carbon Design。Carbon Design 团队在设计一流的消费电子产品方面有着丰富经脸，其代表性产品是 Xbox 360 游戏手柄。

- 2014 年 12 月，收购 3D 建模 VR 公司 13th LAB。13th LAB 的 3D 建模技术和 Nmble VR 公司的低延迟专人跟踪技术相结合，研发出了一种 3D 建模技术可用于 AR/VR 平台。

- 2014 年 8 月，收购游戏引擎开发商 RakNet。Oculus 收购了 RakNet 并将其技术转为开源，这将为 Oculus 及其关键合作伙伴提供更多的工具来为即将到来的虚拟现实平台开发软件。

- 2014 年 12 月，收购计算机视觉公司 Nimble VR。Nimble VR 公司拥有优秀的手势操作技术，该技术可以利用 110°广角的摄像头跟踪、识别用户的手势。

- 2015 年 2 月，收购计算机视觉团队 Surreal Vision。Surreal Vision 是一家计算机视觉公司，利用"3D 场景重构算法"重塑基于 VR 的世界，使沉浸于 VR 世界的用户与周围的现实环境互动。

- 2015 年 7 月，收购以色列深度感测技术与计算机视觉团队 Pebbles Interfaces。Pebbles Interfaces 的技术可用于精准探测和追踪手部运动。在完成收购后，Pebble 将该公司的技术与 Oculus 的 VR 设备进行了整合，可以通过 VR 头显上的摄像头将手指运动转换成虚拟运动。

- 2016 年 5 月，收购苏格兰空间音频公司 Two Big Ears。Two Big Ears 是一家位于苏格兰的初创型企业，专门为 VR 和 360°全景视频等内容打造空间音效。应用 TwoBig Ears 的技术将使得 360°视频内容配音的音效更加逼真。

- 2016 年 9 月，收购原型制作公司 Nascent Objects。该公司开发的模块化消费电子平台能够利用小型印制电路板、3D 打印以及模块化设计迅速制作出产品的原型。这次关于 VR 硬件设备的收购使得 Facebook 可以围绕 Oculus Rift、Open Compute Project 及互联网项目等打造开发者工具。此外，Nascent Objects 的技术还可以用于内部开发，如用于制作原型或产品测试。

- 2016 年 10 月，收购爱尔兰 Micro-LED 公司 InfiniLED。InfiniLED 拥有一项能耗减少技术，该技术可以把 VR 设备的能耗减少 20~40 倍，在 VR 头显中运用这项技术将使得其能耗大大降低。

- 2016 年 11 月，收购面部识别技术创企 FacioMetircs。该公司主要利用机器学习算法来实时分析面部行为以及开发 AR/VR 应用。

- 2016 年 11 月，收购瑞士计算机视觉公司 Zurich Eye。Zurich Eye 的解决方案可以用于内置场景追踪，这对于当前 VR 行业来说是一个非常重要的技术。ZurichEye 的这项技术使得 Oculus 的追踪技术会更加先进。

- 2016 年 11 月，收购升麦眼动追踪创企 The Eye Tride。该公司开发了一套用于计算机的眼动追踪设备开发套件，可以为智能手机和潜在的 VR 头显带来基于注视追踪界面的软件。The Eye Tribe 还开发了视网膜四式注染技术，让 VR 系统通过用户看到的画面生成完美的图形，节约计算能力。

- 2017 年 8 月，收购德国计算机视觉公司 Fayteq。Fayteq 的独特技术是在现有视频中追踪、添加或删除物体。Facebook 可能希望借助 Fayteq 的技术为其直播应用和增加实时物体添加功能。

- 2019 年 2 月，收购虚拟购物与人工智能创企 Grostyle。该公司精通于人工智能技术，通过识别照片就可以实现购物。

- 2019 年 9 月，收购脑计算（神经接口）创企 CTRL-Lab。该公司专门从亭人类使用大脑控制计算机的工作，其生产的腕带能够将大脑的电信号传输到计算机输入中。

- 2020 年 2 月，收购伦敦计算机视觉创企 Scape Technology。Scape Technologies 致力于开发基于计算机视觉的 Visual Positioning Service（视

觉定位服务），目标是帮助开发者构建具备超出 GPS 的定位精度的应用程序。

- 2020 年 6 月，收购瑞典街道地图数据库 Mapillary。Mapillary 致力于建立一个全球性的街道级图像平台。目前已有的全球性图像平台精度过于粗略，该公司的技术可运用在 VR 设备上，使获得的图像更为精确。

- 2020 年 9 月，收购新加坡 VR/AR 变焦技术公司 Lemnis。已有的 VR 头显设备都面临着视觉不适和晕动症等问题，这些问题影响了 VR 技术的广泛采用。而 Lemnis 公司的技术可以有效解决这些困扰现代 VR 头显已久的问题。

Facebook 积极推广数字货币 Diem 和电子钱包 Novi，期望建立全新经济秩序。Diem（原名 Libra）是 Facebook 开发的数字货币，是一种由美元支持的稳定货币。Libra 的使命是建立一套简单的、无国界的货币和为数十亿人服务的金融基础设施。据 Libra 白皮书，Libra 旨在成为一个新的去中心化区块链、低波动性的加密货币和一个智能合约平台，创造一个新的机会——负责任的金融服务创新。根据区块链媒体 THEBLOCK 报道，Libra 计划建立由 100 个合作联盟节点构成的数字经济体，Visa、Mastercard、Uber、Paypal 等公司已经签约确认成为创始节点。

同时，Facebook 正在打造 NFT 产品和功能，数字钱包 Novi（前身 Calibra）可用于存放 NFT。据区块链媒体链闻报道，Facebook 金融部门负责人 David Marcus 发推称，Facebook 已开始在美国和危地马拉启动 Novi 数字钱包的小型试点，以测试钱包核心功能以及在客户服务和合规性等方面的运营能力，供用户即时、安全且免费地发送和接收资金。

AI：打造第一视角视频数据集 Ego4D，剑指下一代 AI。Facebook 公布的名为 Ego4D 的研究项目，为 Facebook 与全球 13 所大学和实验室合作项目，主要通过收集第一人称镜头以训练下一代人工智能模型。据 InfoQ 报道，Ego4D 数据集包含超过 3025h 的视频，由来自 9 个国家（美国、英国、印度、日本、意大利、新加坡、沙特阿拉伯、哥伦比亚和卢旺达）73 个不同地点录制的视频组成，总录制人数达 855 人。

Ego4D 是目前最大的第一视角日常活动视频数据集，在此之前的数据集通常由只有几秒钟的半脚本视频剪辑组成。Ego4D 的参与者一次佩戴头戴式摄像头长达 10h，并拍摄无脚本日常活动的第一人称视频，包括沿街散步、阅读、洗衣、购物、与宠物玩耍、玩棋盘游戏和与其他人互动。一些镜头还包括音频、有关参与者注视焦点位置的数据以及同一场景的多个视角。

这些视频能够帮助 AI 理解或识别现实世界或虚拟世界中的某些事物。Facebook 首席研究科学家 Kristen Grauman 在接受 CNBC 访时表示，"这次发布的是一个开放数据集和研究挑战，它能促进我们内部和学术界外部进步，其他研究人员可以支持这些新问题，以更有意义、更大规模的方式共同解决它"。据 Grauman 介绍，该数据条可以部署在 AI 模型中，用于训练机器人等以更快地了解世界。"在过去，机器人通过自己做事来进行学习，现在，它们有机会根据人类经验从视频中学习。"Facebook 表示，Ego4D 数据集将在 2021 年 11 月底之前提供下载。

1.3.2　首个提出并专注于企业元宇宙——Microsoft

继 Facebook 之后，开启本系列研究第二篇——Microsoft。

Microsoft CEO Satya Nadella 在 Microsoft inspire 的一次演讲中，首次提出"企业元宇宙"的概念，其具体含义指"随着数字和物理世界的融合而产生的基础设施堆栈的集合体"，是数字孪生、物联网与混合现实的结合。Nadella 认为，随着真实物理世界和虚拟数字化世界的不断融合，企业元宇宙将成为每个企业必备的一种新型基础设施。Microsoft 将通过 HoloLens、Mesh、Azure 云、Azure Digital Twns 等一系列工具/平台帮助企业客户实现数字世界与物理世界融为一体。按照元宇宙研究框架的六大组件，目前 Microsoft 在硬件入口、底层技术以及内容这三大组件方向上均着力布局。

硬件入口：HoloLens 继承 Kinect 技术，专注生产力工具。Microsoft 先后推出 HoloLens 和 HoloLens 2。其中，HoloLens 2 相对 HoloLens，CPU 性能有显著提升，与 Microsoft Azure、Dynamics 365 等远程方案可以很好地配合使用。

Microsoft HoloLens：通过全息体验重新定义个人计算，可提供固定到现实世界各地的 3D 全息影像。

Microsoft HoloLens 2：可以改进由 HoloLens 开启的全息计算功能，通过搭配更多用于在混合现实中协作的选项，提供更舒适的沉浸式体验。HoloLens 2 基于

Windows 10 的"风格",为用户、管理员和开发人员提供可靠、性能高且安全的平台。

HoloLens 是 Kinect 技术的继承者,也是发扬者。Kinect 是 Microsoft 在 2010 年为 Xbox 360 游戏主机推出的操控外设,能把用户的手势、姿态转变为输入指令。Kinect 为 Microsoft 第一款内置机器学习技术的消费级设备,功能远远领先于同时代的 Wii 和 PS Station。Kinect 虽于 2017 年正式停产,但其多项技术沿用至 Microsoft 的其他产品上,集大成者就是 HoloLens。Kinect 发布当年,全息眼镜项目——Project Baraboo 启动,将虚拟影像投射在真实世界,用户用手势和语音进行交互。2015 年 1 月,项目成果正式发布,Microsoft 将其命名为 HoloLens。

从外形上看,Kinect 有 3 个摄像头,从左至右分别是红外线发射器、彩色 CMOS 摄像头、红外线 CMOS 摄像机;同时,Kinect 还内置了语音识别麦克风。第一个和第三个摄像头构成了深度传感器,让 Kinect 能读懂房间的空间信息,以及人物的移动信息;内置麦克风则使用户得以用语音控制 Kinect。

从结构上看,HoloLens 继承了 Kinect 的深度感知,配备 4 个环境感知摄像头、1 个深度摄像头和 1 个视频摄像头。同时,HoloLens 提升了算力,自带计算处理单元,搭载了英特尔 14nm 的 Cherry Trail CPU+GPU 以及自研的 HPU(Holographic Processing Unit),每秒可执行大约 1 万亿次计算。

与 Kinect 不同,HoloLens 专注做生产力工具。HoloLens 从诞生起,就被定义为生产力设备,可以作为制造、建筑、医疗、汽车、军事等垂直行业的生产力工具。比如,工业场景中常见的维修需求,工人在维修前戴上 HoloLens,就可以看到维修服务请求以及将要维修的设备的三维图像,图像任一部分都可以放大研究,甚至还可以使用 HoloLens 内置的 Skype 呼叫专家远程支持。

底层技术:完善的企业元宇宙技术堆栈,Mesh 将融入 Teams。Microsoft 的企业元宇宙技术堆栈,通过数字孪生、混合现实和元宇宙应用程序(数字技术基础设施的新层次)实现物理世界和数字世界的真实融合。Microsoft 的企业元宇宙技术堆栈(从物理世界到元宇宙)非常完善,具体包括:Azure IoT、Azure 数字孪生、Azure 地图、Azure Synapse 分析、Azure 人工智能&自动化系统、Microsoft Power 平台和 Microsoft Mesh&全息镜头。同时,Microsoft 将通过 Mesh、Azure 云、Dynamics 365、Windows Holographic、MRTK 开发工具等一系列工具/平台帮助企业客户实现数字世界与物理世界融为一体。

Mesh：2021 年 3 月，Microsoft 推出 Microsoft Mesh，一个具有 3D 化身和其他 XR 功能的虚拟平台，可利用 Azure 云平台来促进远程参与者通过 HoloLens2 和其他设备共享协作体验。11 月 2 日的 Ignite 大会上，Microsoft 提出计划将混合现实会议平台 Microsoft Mesh 融入 Microsoft Teams 中。Microsoft 允许不同位置的用户，通过生产力工具 Teams 加入协作以召开会议、发送信息、处理共享文档等全息体验。Microsoft Mesh（融入 Teams 的版本）于 2022 年 4 月推出。Mesh for Teams 可以预建一系列的沉浸式空间，能够支持会议和社交活动等各种环境。目前全球有 2.5 亿人使用 Teams，Mesh 融入 Teams 后或将迎来用户规模的高速增长。

Azure 云：Azure 云是灵活的企业级公有云平台，提供数据库、云服务、云存储、人工智能互联网、CDN 等高效、稳定、可扩展的云端服务。Azure 云计算平台还为企业提供一站式解决方案，快速精准定位用户需求，并了解适合企业的各种方案和相关的服务。

Dynamics 365：利用 Dynamics 365，用户将拥有唯一的智能业务应用程序产品组合，该产品组合可以助力每个人提供卓越的运营并创造更富吸引力的客户体验。

Windows Holographic（Holographic 现已更名为 Mixed Reality）：Windows Holographic 平台能够提供全息影像框架、交互模型、感知 API 和 Xbox Live 服务。这意味着所有应用在三维的世界中都将像真实存在的物体一般，而其他如 Envelop 等应用使用的都是扁平化设计。

联合 Unity 推出 MRTK 开发工具：一款面向混合现实应用程序的开源跨平台开发工具包。它提供了一系列组件和功能来加速 Unity 中的跨平台 MR 应用开发。其功能包括：为空间交互和 UI 提供跨平台输入系统和构建基块；通过编辑器内模拟实现快速原型制作等。MRTK 旨在加快面向 Microsoft HoloLens、Windows Mixed Reality 沉浸式 VR 头显设备和 OpenVR 平台的应用程序开发。

Xbox 积极拥抱元宇宙，《我的世界》《模拟飞行》走在探索前沿。Microsoft 发力企业元宇宙的同时，也计划将 Xbox 游戏平台纳入元宇宙中。Microsoft CEO Satya Nadella 在接受彭博社采访时表示，Microsoft 对游戏平台和 Xbox 系列主机拥抱元宇宙具有强烈的信心。Microsoft 既是目前全球三大游戏机制造商之一，也是 PC 游戏市场的重要参与者。

Microsoft 旗下多款游戏如《光晕》《我的世界》《模拟飞行》，走在探索元宇宙的前沿。Nadella 强调，"实际上，我们现在的很多游戏本身就是一个元宇宙，比如《光晕》《我的世界》《模拟飞行》等"。

2015 年，Microsoft 专为 HoloLens 眼镜打造了一款《我的世界》专门版，将像素沙盒游戏《我的世界》从屏幕上"搬"到了现实中。2019 年，Microsoft 在手机平台上推出了《我的世界·地球》（已于 2021 年 6 月停运），进一步强化了原版的 AR/VR 体验。

《模拟飞行》堪称史上最逼真、包含对象最广泛的飞行模拟游戏。游戏中包括 2 万亿棵单独渲染的树木、15 亿座建筑物以及全球几乎所有的道路、山脉、城市和机场。玩家可以在模拟现实世界天气和位置的多人游戏环境中驾驶飞机。

此外，Nadella 还展望了对现有游戏的改造计划——将 2D 游戏改编为真正的 3D 游戏。

1.3.3 Microsoft 元宇宙发展方向展望

随着计算文明的发展，算力与算法的权重在提升。AI 的三大核心要素是算力、算法和数据，其中算力在 AI 三要素中处于发动机的地位，是构建元宇宙最重要的基础设施之一。元宇宙的虚拟内容、区块链、AI 技术等的构成都离不开算力的支撑。随着数据量的无限扩大，对算力的需求将进一步提升，多种算法的涌现也提高了对算力的利用效率。

互联网巨头均布局硬件以获取数据。互联网平台寄生在硬件终端上，所提供的产品和服务基于硬件才能发挥作用，这是目前互联网公司要做硬件的原因，比如 Facebook 收购 Oculus，Google 收购 HTC 部分智能手机业务、字节跳动收购 Pico，均是基于这样的思路。硬件将是互联网科技巨头们的兵家必争之地，智能化的实现首先必须要有实时产生的数据，没有硬件就没有数据。

除上述趋势外，软硬件本身也结合得越来越紧密。在成为最伟大公司之一的道路上，Apple 的软硬件产品整合能力非常突出，引领了软硬件整合的潮流。从厂商的角度，软硬一体化是普遍的发展方向，未来最成功的公司是把优秀的软件镶嵌在独特的硬件上，达到浑然一体的效果，这种模式将出现在越来越多的领域，特点单一的硬件公司或者软件公司将难以在未来的市场上强力竞争。

相较于其他互联网科技巨头，Microsoft 在硬件端的布局相对薄弱，虽然有 Surface、Xbox 等终端产品，但主要以提供 Windows、MS Office 的软件系统为主，所能收集的用户数据逊于 Apple。2008 年，Microsoft 开始布局云服务，与 Google 和 Amazon 在云服务领域展开激烈竞争，但云计算是软硬一体化、带运营运维服务的，这恰恰是 Microsoft 作为工具软件公司所不擅长的，直到 2014 年萨提亚·纳德拉（Satya Nadella）上任后才在云服务上发力，Microsoft 在算力方面略有滞后。相较于 Facebook 的元宇宙布局思路（UGC 内客、社交场景、家庭场景、工作场景），Microsoft 率先提出并专注于企业元宇宙这一方向。2021 年 11 月 2 日，Microsoft 在 Ignite 大会上宣布，计划将旗下聊天和会议应用 Microsoft Teams 打造成元宇宙，把混合现实会议平台 Microsoft Mesh 融入 Microsoft Teams 中，即 Microsoft 的元宇宙从企业级做起——借助于一系列整合虚拟环境的新应用，让用户在互通的虚拟世界中生活、工作、娱乐，将数字世界与物理世界结合在一起。Microsoft 实现元宇宙的开端，将从用户体验开始，存在感、与人交谈、眼神交流、反馈都将是至关重要的。

Microsoft Mesh 创立之初，被定义为通过 AR/VR 技术进行远程协作的应用，Microsoft 宣布将推出全新的 3D 虚拟化身，用户无需使用 VR/AR 头显，即能以虚拟人物或动画卡通的形式出现在视频会议中，且通过人工智能解读声音。

此外，Microsoft 发力企业元宇宙的同时，也会将 Xbox 游戏平台纳入元宇宙中，即企业元宇宙与娱乐平台同步发力。

1.3.4　元宇宙技术底座的构建——NVIDIA

NVIDIA 的立足之本即 GPU，当下 AI、云计算、数据分析和高性能计算等核心科技行业已离不开最顶级的图像处理器（Graphics Processing Unit，GPU）的强力支持。而独立显卡这一领域由 NVIDIA 与 AMD 主导，根据 Statista 的统计结果，NVIDIA 占据 7～8 成的市场份额，拥有绝对的话语权与主导权。GPU 核心技术之外，NVIDIA 将业务范围进一步辐射至数据中心、高性能计算、AI 等；其基于 GPU 构建的软硬件一体生态是构建元宇宙的技术平台底座。

数据中心：NVIDIA 的"GPU 加速计算平台"集硬件和软件于一体，可为各大企业提供强大又安全的基础架构蓝图，可支持精准完成从数据中心开发到部署的所有实施工作。借助 NVIDIA GPU 云计算解决方案，企业可以随时随地访问高密度计算资源和功能强大的虚拟工作平台，无需耗费额外开支构建实体数据中心。

高性能计算：NVIDIA 的 AMPERE 架构为高性能计算的核心，无论实际计算规模如何，此架构都能提供卓越的加速性能。目前，全球多个超级计算机中心都采用了 NVIDIA AMPERE 架构。

Omniverse：NVIDIA 的 Omniverse 平台集合了 NVIDIA 过去二十多年在 AI、HPC 和图形各方面的技术、算法、标准，是为创建元宇宙数字化虚拟空间的技术平台底座。按照元宇宙研究框架的六大组件，目前 NVIDIA 在硬件入口、人工智能以及底层技术这三大组件方向上均着力布局。

硬件入口：引领 GPU 持续迭代发展。回溯 NVIDIA 26 年 GPU 发展史，持续创新、前瞻布局助力其逐步制霸全球 GPU 市场。1999 年，NVIDIA 推出全球首款 GPU——GeForce256，将其定义为具有集成变换、照明、三角设置/裁剪和渲染引擎的单芯片处理器，每秒处理至少 1000 万个多边形。2006 年起，NVIDIA 在全球 GPU 市场逐步占据主导；这一年，NVIDIA 推出 CUDA——一种用于通用 GPU 计算的革命性架构。CUDA 使科学家和研究人员能够利用 GPU 的并行处理能力来应对最复杂的计算挑战。有了 NVIDIA 的 CUDA 计算框架之后，开发者可以不再使用复杂的机器语言进行编程，而是直接通过 CUDA 框架，将高级语言编写好的程序用 GPU 进行计算。同时，首席科学家戴维·柯克竭力劝说董事长黄仁勋将 GPU 通用化——让一块只能渲染图形的独立显卡变成一个通用计算图形处理器，并且强烈要求 NVIDIA 现有与即将推出的所有 GPU 都必须支持 CUDA 程序。这次大胆的尝试，使得 NVIDIA 从优秀的硬件制造商跃升为具备核心软件系统的生态创造者。

NVIDIA 率先将垂直应用与游戏领域的 GPU 业务复制至其他领域。NVIDIA GPU 最早拓展的是游戏领域，其一方面向开发者开放 GameWorks SDK，方便开发者便捷获取 GPU 性能，另一方面通过其合作网络向游戏玩家售卖 GeForce GPU。在游戏领域取得成功之后，NVIDIA 很快将 GPU 架构进一步拓展至汽车、数据中心以及专业视觉化领域，并针对不同市场主打不同产品形成对应生态，如 GeForce

主打游戏，Quadro 主打办公，Iray 主打 VR，DRIVE 主打自动驾驶，Tesla 主打数据中心。

　　NVIDIA 前瞻性地预见了 GPU 在 AI 市场的广泛应用前景并果断布局。NVIDIA 从 2006 年起开始重点投资 CUDA 项目，通过一系列改动和软件开发，将 GPU 转化成更通用的计算工具。随着 AI、深度神经网络技术的突破发展，基于 CUDA 架构的大规模并行运算 AI 芯片开始迎来广泛应用。2012 年，NVIDIA 与 Google 的 AI 团队合作，建造了当时最大的人工神经网络，之后各深度学习团队开始广泛大批量使用 NVIDIA 显卡。2013 年，NVIDIA 与 IBM 在建立企业级数据中心方面达成合作。2017 年，NVIDIA 发布了面向 L5 完全无人驾驶开发平台 Pegasus。

　　2021 年起，NVIDIA 进军 CPU 领域，基于 ARM 架构构建了三款新处理器——NVIDIA Grace、BlueField-3 DPU、NVIDIA DRIVE Atlan。其中，NVIDIA Grace 是专为大规模 AI 和高性能计算应用而设计的；BlueField-3 DPU 是首款支持第五代 PCIe 总线并提供数据中心时间同步加速的 DPU；NVIDIA DRIVE Atlan 则是新一代 AI 自动驾歌汽车处理器，其算力将达到 1000 TOPS。

　　持续迭代 GPU 架构，从 Tesla 到 Ampere、从 GTX 到 RTX 性能稳步提升。NVIDIA 的 GPU 架构历经多次变革，基本保持两年一迭代，从最初的 Tesla（2008），到 Ferml（2010）、Kepler（2012）、Maxwell（2014）、Pascal（2016）、Volta（2017），再到 Turing（2018），然后是现在的 Ampere（2021）。从 Turing 开始，NVIDIA GPU 也启用了全新的品牌名，从 GTX 变更为 RTX。NVIDIA CEO 黄仁勋表示，Turing 是近 12 年来 GPU 架构变化最大的一次，原因在于 RTX 通过专用的 RT Core 核心实现了游戏中可用的实时光线追踪渲染。目前，NVIDIA RTX 技术凭借其强大的实时光线追踪和 AI 加速能力，已经改变了最复亲的设计任务流程，例如飞机和汽车设计、电影中的视觉效果以及大型建筑设计，并且驱动着后续的协作和模拟平台 Omniverse。NVIDIA 最新一代的 Ampere 建立在 RTX 的强大功能之上，进一步显著提高其渲染、图形、AI 和计算工作负载的性能。

　　AI：基于 GPU 优势主导 AI 芯片。GPU 相比 CPU，其并行计算能力更适合深度学习逻辑。CPU 和 GPU 都是芯片，区别在于不同的架构下适用不同的场景。从芯片架构来看，在 CPU 中控制单元、计算单元和存储单元相对比较均衡，而 GPU 中有将近 80% 的计算单元。传统的 CPU 内核数量较少，是为通用计算而设计的；GPU 是一种特殊类型的处理器，具有数百或数千个内核，经过优化可并行执行大量计算。CPU 是顺序执行运算，而 GPU 可以大量并发地执行运算。因此，从适用场景的角度看，CPU 精于控制和复杂运算的场景，而 GPU 精于简单且重复运算的场景，对数据分析、深度学习和机器学习算法尤其适用。

随着 GPU 在 AI 领域的普及，专注 GPU 的 NVIDIA 迎来收获期。NVIDIA 大约在 2010 年起就已经开始转型布局 AI，当时 AI 概念还未兴起，仍是一片蓝海。经过持续多年的研发，NVIDIA 在 2016—2018 年间陆续推出一系列 AI 芯片、系统、软件和服务。

2016 年——推动 AI 设备变革：

（1）推出第 11 代 GPU 架构 NVIDIA Pascal，为最先进的 NVIDIA Tesla 加速器和 GeForce GTX 显卡提供支持。

（2）推出 NVIDIA®DGX-1，世界上第一款台式深度学习超级计算机，可增强 AI 应用。

（3）NVIDIA DRIVE PX 2 可实现强大的车载 AI，使汽车行业走上自动驾驶的道路。

（4）NVIDIA 引入了 Iray VR，模拟光线和材质，以创建交正式、照片般逼真的虚拟环境。

2017 年——进一步推动现代 AI：

（1）推出 NVIDIA Volta GPU 架构，NVIDIA Tesla V100 GPU 加速 为 DGX 系列 AI 超级计算机提供动力。

（2）模块化 NVIDIA Jetson TMTX2 AI 超级计算机为 AI 城市的智能机器人、无人机和智能摄像头打开了大门。

（3）NVIDIA Isaac 机器人模拟器使训练和部署智能机器人变得更加容易。

（4）NVIDIA SHIELDTM 通过 Google Assistant 和 SmartThings Hub 技术将 AI 带入家庭。

2018 年——Turing 重新定义计算机图形：

（1）NVIDIA Turing GPU 架构推出，为全球首款支持实时光线追踪的 GPU 提供动力，长期以来一直被视为计算机图形学的"圣杯"。

（2）推出 NVIDIA DGX-2，这是第一款能够提供 2 千万亿次计算能力的单一服务器，由 NVIDIA V100 GPU 和 GPU 正联结构 NVIDIA NVSwitch 提供支持。

（3）推出 NVIDIA@Jetson AGX Xavier，可轻松创建和部署用于制造、配送、零售、智能城市等的 AI 机器人应用程序。

（4）NVIDIA Clara 平台亮相，提升了数百万种传统医疗仪器的功能，并为 AI 医疗设备开创了未来。

（5）NVIDIA 推出 RAPIDS，这是一个开源 GPU 加速平台，可加速数据科学和机器学习。

（6）推出 NVIDIA DRIVE Constellation 仿真系统，可在虚拟现实中模拟自动驾驶汽车在数十亿英里里程的安全驾驶。

目前，NVIDIA 在 AI 芯片领域已经占据主导地位。据《硅谷封面》报道，2019 年，前四大云供应商 AWS、谷歌、阿里巴巴、Azure 中 97.4%的 AI 加速器实例（用于提高处理速度的硬件）部署了 NVIDIA GPU。Cambrian AI Research 的分析师 Karl Freund 表示，NVIDIA 占据了 AI 算法训练市场近 100%的份额；Top500 超级计算机中近 70%使用了 NVIDIA 的 GPU。

底层技术：Omniverse，软、硬件技术的集大成者。NVIDIA Omniverse 能够运行具备真实物理属性的虚拟世界，并与其他数字平台相连接，专为虚拟协作和实时模拟打造。创作者、设计师和工程师可以连接主要设计工具、资产和项目，从而在共享的虚拟空间中协作和迭代。开发者和软件提供商还可以在模块化平台上构建功能强大的工具来扩展其功能。NVIDIA Omniverse 最早于 2019 年正式提出，最初是一款基于 NVIDIA RTX GPU 与皮克斯 USD（Universal Scene Description）的实时图形和仿真模拟平台，推出目的是改变工程与设计行业工作流程，加快项目设计与生产效率。2020 年，Omniverse Open Beta 公测版本上线，截至 2021 年 9 月已有约 5 万用户进行了下载，其中中国市场有接近 1 万名用户。日前，Omniverse 提供 to C 和 to B 两个版本。其中，to C 的 Omniverse Individual 版本全部免费，用户可通过 NVIDIA 官网、微信公众号等渠道下载；to B 的 Omniverse Enterprise 为付费版本，在 2021 年 11 月的 GTC 2021 大会正式发布，届时或将采取年度付费的订阅形式。

Omniverse 由五大核心组件构成：NUCLEUS，CONNECT，KIT，SIMULATION，RTX。这些组件连同所连接的第三方数字内容创作工具，以及所连接的其他 Omniverse 微服务，共同组成整个 Omniverse 生态系统。

（1）Omniverse Nucleus：Nucleus 是连接不同位置的用户，实现 3D 资产交互和场景描述的数据库引擎。连接以后，负责建模、布局、着色、动画、照明、特效或渲染工作的设计师，可以协作创建场景。Omniverse 向数字内容和虚拟世界做出改动，应用于 Nucleus Database。这些改动在所有连接应用之间实时传输。

（2）Omniverse Connect：Connect 被作为插件分发，使客户端应用程序可以连接到 Nucleus。当需要同步时，DCC 插件将使用 Omniverse Connec 未应用外部接收的更新，并根据需要发布内部生成的更改。

（3）Omniverse Kit：Kit 是一个用于构建原生 Omniverse 应用和微服务的工具包，基于基础框架而构建，该框架可通过一组轻量级扩展程序提供各类功能。这些独立扩展程序是用 Python 或 C++语言编写的插件。

（4）Simulation：Omniverse 中的仿真由 NVIDIA 一系列技术作为 Omniverse Kit 的插件或微服务提供。作为 Omniverse 一部分进行分发的首批仿真工具是 NVIDIA 的开源物理仿真器 PhysX，该仿真器广泛用于计算机游戏中。

（5）RTX Renderer：RTX 视口扩展程序利用 NVIDIA RTX 和 MDL 材质，以超高保真度表示数据。该程序可扩展性惊人，支持大量 GPU，并能在大型场景中提供实时交互，利用 Turing 和下一代 NVIDIA 架构中的硬件 RT 内核进行实时硬件加速的光线跟踪和路径跟踪。

根据 NVIDIA 方面介绍，Omniverse 能帮助解决行业的多个核心痛点：

（1）数据协同：市面上已有 3ds Max、Maya、Substance、虚幻引擎、Blender 等众多 3D 协同软件，但数据在这些软件中缺乏共用的数据流载体，因而 Omniverse 选择拥抱 USD 这样的轻量级语言。

（2）团队协作：Omniverse 提供的解决方案可以协同世界各地的员工，呈现所见即所得的渲染效果，并结合推流实现即刻观看。这让很多因疫情原因无法面对面工作的团队能够看到即时效果，并根据即时效果进行反馈和修改。

（3）大数据：Omniverse 拥抱 USD 这样的轻量级语言，在打开大场景时具有天然的优势，可避免很多软件在打开耦合性很高的数据时加载的时间过长。

（4）数据资产的安全性：以往几个不同的数据资产需要导入、导出，并利用互联网或移动媒介等载体进行传输，这面临着数字资产的加密问题。而 Omniverse 可以实现无论公有云、私有云还是混合云，都能够在同一个平台上工作和存取。这使得数字资产的管控变得容易，且可以引入很多端到端加密机制。

　　Omniverse 已广泛应用至多个行业，将虚拟世界的协同真正落到实处。Omniverse 已广泛应用在海内外传媒娱乐、建筑、产品设计、科学运动和仿真、自动驾驶、工业机器人等六大领域。例如传媒娱乐领域，Omniverse 正在探索变革泛影视领域的流程。中国探月官方纪录片《飞向月球》第二季中就采用 Omniverse 平台，用到物理渲染、实时光线追踪、高精度 3D 扫描等技术，并首次将超写实虚拟数字人应用在 4K 科学纪录片中。在产品设计方面，宝马和 NVIDIA 宣布共同利用 Omniverse 平台打造虚拟工厂，探索虚拟、数字规划领域的新前景。NVIDIA CEO 黄仁勋表示，宝马在物理世界中建造任何产品前，可以先虚拟地设计、规划和运营未来工厂，而这也代表了制造业的未来。宝马是第一家使用 Omniverse 设计整个工厂的端到端数字双胞胎的汽车制造商，Omniverse 模拟出完整的工厂模型，包括员工、机器人、建筑物、装配部件等，让全球生产网络中数以千计的产品工程师、项目经理、精益专家在虚拟环境中进行协作，在真实生产新产品前，完成设计、模拟、优化等一系列复杂的过程。

　　此外，Omniverse 还有针对 AEC 建筑行业的 View、方便机器人仿真结构学习的 Issac Sim，可以运用渲染效果实现可视化，以及推出无人驾驶仿真平台 DriveSim。

- Isaac Sim 基于 NVIDIA Omniverse 平台而构建，它是一个机器人模拟应用与合成数据生成工具。机器人专家可使用它更高效地训练和测试机器人，模拟机器人与指定环境的真实互动，而且这些环境可以超越现实世界。Isaac Sim 的发布还增加了经过改进的多摄像头支持功能、传感器功能以及一个 PTC OnShape CAD 导入器，让 3D 素材的导入变得更加轻松。从实体机器人的设计和开发、机器人的训练，到在数字孪生中的部署（数字孪生是一种精确、逼真的机器人模拟和测试虚拟环境），这些新功能将全方位地扩大可以建模和部署的机器人和环境范围。

- DRIVE Sim 通过使用 NVIDIA 的核心技术建立起一个强大的云计算平台，能够实现高保真仿真。该平台可以生成用于训练车辆感知系统的数据集，并提供一个虚拟试验环境来测试车辆的决策流程和其在极端情况下的表现。该平台能以软件在环或硬件在环配置来连接自动驾驶软件栈，以进行完整的驾驶体验测试。NVIDIA 正在使用仿真引擎取代游戏引擎作为自动驾驶汽车仿真的基础，基于 Omniverse 的 DRIVE Sim 是 NVIDIA 朝着这个方向所迈出的重要一步。

2021 年 11 月 9 日的 GTC 大会主题演讲中，Omniverse Enterprise 更新了多项新特性，具体如下：

（1）showoom：一个包含演示和示例应用程序的 Omniverse 应用程序，展示了核心 Omniverse 技术——图形、物理、材质和 AI。

（2）Farm：一个系统层，用于协调，跨多个系统、工作站、服务器、裸机或虚拟化的批处理作业；可用于批量渲染、AI 合成数据生成或分布式计算。

（3）Omniverse AR：可将图形串流到手机或 AR 眼镜。

（4）Omniverse VR：是 NVIDIA 首款全帧交互式光线追踪 VR。旨在帮助软件开发者更容易地开发元宇宙，同时也意味着 Omniverse 更加依赖 NVIDIA 的芯片和算力。Omniverse Enterprise 最早于 2020 年 12 月面世，在 Beta 阶段已经有 500 家公司的设计师累计下载了 70000 次。

1.3.5　NVIDIA 元宇宙发展方向展望

追求极致算力，由 GPU 升级至 GPU+CPU+DPU。NVIDIA 基于 GPU 建立的软硬件生态，将使其在计算领域长期占据举足轻重的地位。2007 年，NVIDIA 正式推出 GPU 统一计算架构平台 CUDA，这一架构的里程碑意义在于让 GPU 通用化，被业内广泛认可，NVIDIA 一举奠定之后 10 年的 AI 芯片市场绝对霸主地位，为 AI 训练提供强大的并行运算能力。目前，NVIDIA 已经在 CUDA 基础上开发和积累了针对不同领域的大量算法与软件，极大降低了开发者门槛，让开发者可以站在巨人的肩膀上升级与优化软件堆栈。2021 年，NVIDIA 在 GTC 2021 上宣布将升级为 GPU+CPU+DPU 的"三芯"产品战略。NVIDIA 强劲的 GPU 加上发布的 CPU Grace，再加上最新的 Bluefield DPU，构成了 NVIDIA 最新的数据中心芯片路线图。黄仁勋表示，"我们每年都会发布激动人心的新品。三类芯片，逐年飞跃，一个架构。"NVIDIA 在芯片行业的竞争进入组合拳时代——通过三种芯片的组合实现差异化并保持竞争力。

（1）GPU：传统优势业务，目前来用 Ampere 架构，是 NVIDIA AI 领导力的基石。

（2）CPU：首款数据中心 CPU——Grace，以美国海军少将、计算机编程先驱 Grace Hopper 的名字命名。Grace 是一款高度专用型处理器，主要面向大型数据密集型 HPC 和 AI 应用。绝大多数的数据中心仍将继续使用现有的 CPU，Grace 主要将用于计算领域的细分市场，预计 2023 年可以供货。

（3）DPU：现代超大规模云技术推动数据中心从基础走向了新的架构，利用一种专门针对数据中心基础架构软件而设计的新型处理器，来卸载和加速由虚拟化、网络、存储、安全和其他云原生 AI 服务产生的巨大计算负荷。2020 年 10 月，NVIDIA 发布首代 DPUBlueField-2，能够卸载相当于 30 个 CPU 核的工作负载。2021 年 4 月，发布的最新一代 BlueField-3 DPU，是专为 AI 和加速计算设计，实现了 10 倍的性能提升。

Omniverse 定位工程师的元宇宙，真正将元宇宙落实到工业场景。Omniverse 能将 NVIDIA 旗下 GPU、CUDA、实时光线追踪 RTX 技术等所有软硬件技术，以及 NVIDIA 在生态系统中整合性的特质集中到一个平台，形成完整全栈解决方案，从而以更高效和兼容的方式，解决与"物理世界拟真"相关的各项痛点。在这一过程中，NVIDIA 提供 Omniverse 等工具，让 ISV、开发者和用户自己根据各式各样的创造性思维，打造逼真的世界和高度还原的物体，最终成为元宇宙基础底层服务架构的提供者。

NVIDIA CEO 黄仁勋在接受彭博社采访时，也认同了 Omniverse 是服务于"工程师的元宇宙"的界定。Omniverse 平台的愿景与应用场景将不仅限于游戏以及娱乐行业中，建筑、工程与施工、制造业、超级计算等行业都是其目标范围。Omniverse 是一个专注于实时仿真、数字协作的云平台。在黄仁勋的理解中，以尊重现实世界的物理规律和逻辑为出发点，将元宇宙看作把现实世界 1:1、1:10 个、甚至 1:10000 复制到虚拟世界。在一次受访被问及数字孪生对于制造业、商业以及整个社会有多重要时，黄仁勋表示，"在未来，数字世界或虚拟世界将比物理世界大数千倍，可能会有一个新的上海、新的纽约，工厂和建筑都将有一个数字孪生模拟和跟踪它的实体版本。工程师和软件程序员可以模拟出新的软件，然后逐步应用到实际中。在现实世界中运行的软件都会先在数字孪生中模拟，然后再下载到实体版本中。"这意味着，Omniverse 将服务比真实世界更大的经济实体。

玩转元宇宙

　　硬件是元宇宙的基础，软件则是元宇宙的载体。在可预见的将来，基于元宇宙的游戏将出现爆发式的增长。

第 2 章　元宇宙怎么实现？

身份系统、价值系统，再加上体验，是元宇宙的三大实现要素。在去中心化的元宇宙中，身份系统是一种全新的社会关系，价值系统则是一种全新的生产关系。如果不建立起去中心化的身份系统和价值系统，元宇宙就无从谈起，技术做到多么极致，体验做到多么逼真，也不能称之为元宇宙。对人的需求来说，游戏只是游戏，而元宇宙因为创造和关系，为我们获得更强烈的存在感。更重要的是，它提供了一种应对 AI 对人的替代的解决方案。

2.1　元宇宙的价值链及技术基础

依据 Beamable 公司创始人 Jon Radoff 的理论，元宇宙价值链包括七个层面：基础设施（Infrastructure），人机交互（Human Interface），去中心化（Decentralizition），空间计算（Spatial Computing），创作者经济（Creator economy），发现（Discovery），体验（Experience），如图 2-1 所示。

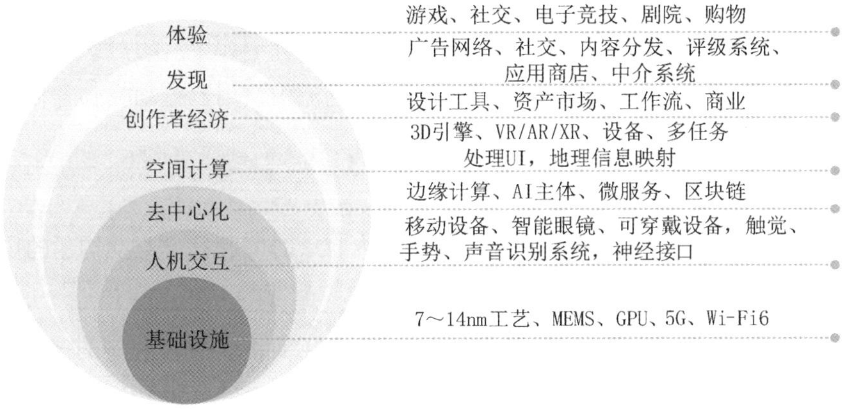

体验	游戏、社交、电子竞技、剧院、购物
发现	广告网络、社交、内容分发、评级系统、应用商店、中介系统
创作者经济	设计工具、资产市场、工作流、商业
空间计算	3D引擎、VR/AR/XR、设备、多任务处理UI、地理信息映射
去中心化	边缘计算、AI主体、微服务、区块链
人机交互	移动设备、智能眼镜、可穿戴设备，触觉、手势、声音识别系统，神经接口
基础设施	7～14nm工艺、MEMS、GPU、5G、Wi-Fi6

图 2-1　元宇宙价值链

1. 基础设施层

基础设施层包括 5G、Wi-Fi 等通信技术，云计算、新材料、芯片设计等软硬件技术。这些技术能够将各种设备接入网络并提供必要的支撑。

2. 人机交互层

人机交互更加顺畅和无缝。3D 打印可穿戴设备，可以贴合于皮肤之上的微型生物传感器，各种 AR 智能眼镜，甚至脑机接口，将承载元宇宙里越来越多的应用和体验。

3. 去中心化层

区块链技术解决了金融资产集中控制和管理的问题。边缘智能使得计算能力不再集中于云端，而是像电力一样，输送到千家万户和各个工业现场。

4. 空间计算层

空间计算提出了真实与虚拟的混合计算，它模糊了物理世界和理想世界之间的界限。空间计算使我们能够进入并操纵 3D 空间，并以更多的信息和体验来增强现实世界。

5. 创作者经济层

不仅元宇宙里的体验会变得更有沉浸感、社交性和实时性，打造这些体验的创作者数量也会爆发式增长。消费者不仅是内容的消费者，也是内容的创造者和"放大器"。各种低门槛代码方案和社交工具让用户可以随时输出内容，实时参与创造。

6. 发现层

发现层中的信息流可以分为提取流和推送流。提取流中，用户积极主动寻找相关体验的信息，开设商店或者购买商品。推送流中，用户被动收到各种信息，参与好友的邀请，或者接受全新角色。

7. 体验层

元宇宙不必是 3D 空间，它更多的是由内容、时间和社交互动构建的虚拟与现实相结合的飞轮，覆盖各种生活场景。

元宇宙是继 PC 时代、移动时代之后的全息平台时代，需要坚实的技术基础。

技术视角下，支持元宇宙的技术集群包括：

（1）网络和算力技术：包括空间定位算法、虚拟场景拟合、实时网络传输、GPU 服务器、边缘计算，降低成本和减轻网络拥堵。

（2）AI 技术。

（3）电子游戏技术：如支持游戏的程序代码和资源（图像、声音、动画）的游戏引擎。

（4）交互/显示技术：VR/AR/MR（特别是 XR）持续迭代升级，虚拟沉浸现实体验阶梯，不断深化感知交互。

（5）区块链技术：通过智能合约，去中心化的结算平台和价值传递机制，保障价值归属与流转，实现经济系统运行的稳定、高效、透明和确定性。

元宇宙技术基础，也可以用 BIGANT 来概括：B 指区块链技术（Blockchain），I 指交互技术（Interactivity），G 指电子游戏技术（Game），A 指人工智能技术（AI），N 指网络及运算技术（Network），T 指物联网技术（Internet of Things）。

2.2　VR、元宇宙、内容和社交

2.2.1　VR 与元宇宙的关系

元宇宙的概念来源于 Neal Stephenson 的著作《雪崩》。《雪崩》的故事发生在 21 世纪的洛杉矶，距离全球经济崩溃已有数年，洛杉矶不再是美国的一部分，成为财团、黑手党、私人机构等势力控制的信息都市，类似于一种无政府资本主义；物价飞涨、美元贬值、虚拟货币泛滥；在现实世界外构建了一个"超元域"，只要通过公共入口连接，就能以"化身"的形象进入超元域。

Roblox 公司 CEO Dave Baszucki 是元宇宙忠实的"传教士"，其与《玩家一号》和《玩家二号》的作者 Ermest Cline 合作了很多个活动。事实上，Roblox 是一个多人在线创作游戏平台，用户可以自行创作游戏作品，从 FPS（First-Person Shooting）、RPG 到竞速、解谜，都可以由玩家操控的圆柱和方块形状组成的小人们参与和完成。Baszucki 认为，真正的元宇宙有 8 个不同的特点，分别是身份、朋友、沉浸感、低延迟、多元化、随地、经济系统和文明。不同内容产品的元宇宙如表 2-1 所示，从表中可以归纳出以下 4 点。

（1）玩家具有改造元宇宙的能力，数字资产具有唯一性。

（2）有非常强的沉浸感和体验感。

（3）具有稳定的经济体系并且与现实联通。

（4）容纳大量的用户，有较强的互动体验，并且较强的社交性。

表 2-1　不同内容产品的元宇宙

产品	类型	改造力	沉浸感	经济系统	强社交属性	是否属于元宇宙
Roblox	数字创作工具	强	中	中	中	雏形
堡垒之夜	第三人称射击	中	中	弱	中	雏形
Soul	陌生人社交	弱	弱	弱	强	不属于
原神	开放世界 ARPG	弱	弱	弱	强	不属于

我们按照这一标准，分析一下典型的内容产品元宇宙属性和潜力。

（1）Roblox：作为一款数字创作工具，具有非常强的改造力（玩家可以创作自己的游戏）。其目前已经支持 SteamVR（未来也将支持 Oculus Quest）、经济系统初见雏形（玩家可以通过自己创作的游戏获得收入）、线上线下社交互动，各种特征满足了元宇宙的雏形。

（2）堡垒之夜：非常火爆的第三人称射击游戏，玩家可以创建游戏（与好友进行赛车、对战等），玩家可以在游戏中与 2800 万人一起观看章鱼哥（Travis Scott）的虚拟演唱会，经济系统较为封闭并且缺乏经济循环，各种特征也一定程度上满足元宇宙。

（3）Soul：国内头部的陌生人社交应用，用户无法改造世界，应用也缺乏沉浸感，经济系统较封闭，都不满足元宇宙的要求。

（4）原神：国内顶级的开放世界二次元游戏，用户可以一定程度地改造世界（比如家园系统），沉浸感较弱，经济系统封闭，仅支持最多 4 人在同一个世界，目前也不满足元宇宙的要求。

综合来看，元宇宙有 3 个基础设施：VR、AI 和区块链技术。其中，VR 满足高沉浸感需求，AI 满足改造力和社交需求，区块链技术满足经济系统要求。由此可见，VR 技术是元宇宙的必要非充分条件。

2.2.2　VR 产业出机量

Facebook VR 副总裁雨果·巴拉说："Facebook 将 1000 万 Oculus 用户定为转折点，届时整个生态将会蓬勃发展起来。"在 VR 发展的早期，开发者的盈利比较困难，需要巨头扶持，Facebook 对开发者提供 IP、资金、技术甚至营销全方位支持；等到了千万级的时间节点，市场就可以支撑起来，越来越多内容开发者加入进来，更多好内容被生产，整个 VR 生态实现自循环。2020 年 9 月，Quest 平台超过 35 款游戏创造了数百万营收；2021 年 2 月，这一数字超过了 60，平均每款付费内容就有一款营收超过 100 万美元，"赚钱效应"逐步显现。越来越多的游戏厂商加入这个生态，育碧与 Oculus 达成共识，旗下《刺客信条》《细胞分裂》两个经典 IP 将重新为 Oculus 制作独占 VR 游戏。

Quest Oculus 2 自 2020 年 10 月份推出以来销量接近 500 万，而上一代最佳销量 VR 头显 PlayStation VR 达到这一销量耗时 5 年。4Q20VR 头显出货量从数据上看，Quest Oculus 2 独占鳌头、超过 100 万，其余设备均在 10 万销量左右。Quest Oculus 2 或成为激活整个 VR 内容生态的关键，迈过 1000 万销量的转折点后将有望迎来非常陡峭的增长期。

2.2.3　VR 平台生态和内容兼容性

VR 平台包括 PC VR 和移动 VR（VR 一体机），其中 PC VR 包括 Steam、Oculus、PS VR 三大不同阵营；移动 VR 包括 Oculus 和其他（Vive Wave）。就平台的开放性来说，Steam 平台开放，Valve 允许开发人员为任何 PC VR 头显出售 VR 游戏（目前 Steam VR 用户接近 60% 使用 Oculus）；Oculus 独创封闭生态，仅允许介入自己的设备；PS VR 基于主机的封闭生态；VivePort 也相对开放，可以接入 Oculus。就内容的兼容性来说，Steam 是全球最大的 PC 端内容生态平台，PC 转向 VR 一体机，SDK 接入难度大，一般移植需要 3～6 个月；Oculus Store 兼容 PC 和 VR 一体机，但 PC 串流操作相对麻烦；VivePort 向国内 VR 厂商开放集成。VR 平台生态如表 2-2 所示。

表 2-2　VR 平台生态

项目	PC VR			移动 VR（一体机）	
	Steam	Oculus	PS	Oculus	ViveWave 等
推出时间	2015 年	2012 年	2016 年	2012 年	2016 年
兼容性	开放	独创封闭	基于主机封闭	独创封闭	开放

续表

项目	PC VR			移动 VR（一体机）	
	Steam	Oculus	PS	Oculus	ViveWave 等
移植难度	转 VR 一体机，SDK 接入难度大；开发者无法独立完成开发和移植	很好兼容 PC 端和 VR 端	—	很好兼容 PC 端和 VR 端	—
移植时间	3～6 个月	—	—	—	—
典型游戏	*Half-Life:Alyx*，*BONEWORKS*	*Phantom: Covert Ops，Death Horizon:Reloaded*	*Astro Bot RescueMission*，*Firewall:Zero Hour*	*Phantom: Covert Ops，Death Horizon: Reloaded*	*Wave Circles*
游戏售价	150～300 元人民币	10～25 美元	100～300 元人民币	10～25 美元	10～25 美元

由此可见，一体机的内容兼容性相对较好，对内容开发者多平台运营也较为方便。内容是 VR 平台生态的核心。Oculus 对于 VR 内容极为重视，一方面开启"买买买"的收购模式，一方面制订全套内容扶持计划（开发需求对接、研发费用扶持、宣传营销）。综合来看，Oculus 形成了资金、技术、内容的闭环，硬件门槛降低，与消费市场形成良性循环，内容生态已经成型。

2.2.4　VR 行业的玩家及各自的优势和定位

VR 行业目前主要包括以下 3 类厂商。

（1）手机公司：小米、华为、Samsung、Apple 等。

（2）移动互联网巨头：Facebook、字节跳动、腾讯等。

（3）空间互联网场景创业公司：Pico、大朋、创维等。

就手机厂商来说，对于 VR 的定位也不尽相同。比如苹果，将 VR 产品视为下一代通用技术设备，通过创新驱动产品，其 VR 设备非常值得期待。对于华为、小米等手机公司（OPPO、vivo 暂未涉及 VR），VR 更多是生态拓展，成为 5G 的新型信息媒介和交互方式、内容的 3D 化。就互联网巨头来说，Facebook 在 VR 领域最为"激进"，和 Apple 一样将 VR 产品视为下一代通用技术平台。2021 年，

Facebook 从事 VR 相关领域的员工接近 1 万人，占比达到 17%（2017 年仅 5%），囊括硬件、系统和软件开发。对于头部企业来说，应致力于硬件、系统、软件一体化解决方案，扼住下一代通用技术设备入口。Facebook VR 相关投融资（收购）如表 2-3 所示。

表 2-3 Facebook VR 相关投融资（收购）

时间	公司	产品	领域
2014 年 3 月	Oculus	VR 设备	硬件
2014 年 6 月	Carbon Design	Xbox 360 手柄设计	硬件
2014 年 12 月	Nimble VR	计算机视觉、手部追踪	系统
2015 年 5 月	Surreal Vision	计算机视觉、3D 场景重建	系统
2015 年 7 月	Pebbles Interfaces	传感系统	系统
2016 年 3 月	Masquerade	AR 换脸应用	软件
2016 年 5 月	Two Big Ears	音频	软件
2016 年 9 月	Nascent Objects	AI 等	系统
2016 年 10 月	InfiniLED	微型 LED	硬件
2016 年 11 月	FacioMetircs	面部识别	软件
2016 年 11 月	Zurich Eye	计算机视觉	系统
2016 年 12 月	The Eye Tribe	焦点渲染	系统
2017 年 5 月	Blend Media	内容制作	软件
2017 年 8 月	Fayteq	视频滤镜	软件
2019 年 2 月	Grostyle	虚拟购物	软件
2019 年 9 月	CTRL-Lab	脑计算	系统
2019 年 11 月	Beat Games	*Beat Saber*	软件
2019 年 12 月	Play Giga	云游戏	软件
2020 年 2 月	Scape Technology	视觉定位	系统
2020 年 2 月	Sanzaru Games	*Sonic the Hedgehog*	软件
2020 年 6 月	Mapillary	地图数据库	软件
2020 年 6 月	Ready At Dawn	*Lone Echo*	软件
2020 年 9 月	Lemnis	变焦技术	系统

2.2.5　VR 行业的发展路径

从智能硬件的分类上看，其一，内容驱动型产品，包括电视、主机等；其二，生态驱动型产品，包括手机、计算机等。VR 的产品增长将类似于早期的主机，需要通过优质的内容来带动，但由于受众仍然较小，会存在一定的瓶颈；随着功能不断演进，未来有可能成为类似手机的通用技术设备。

VR 设备也将是内容驱动的产品，我们可以从历代主机更迭中寻找一些经验。主机是内容为王的行业：

（1）用户专业且买断制要求用户具有一定的甄别能力。

（2）游戏 IP 经久不衰。强大的独家内容是主机厂商的核心竞争力。在第三世代主机的竞争中，任天堂凭借着红白机取得了巨大的成功，最终占据了 35% 的日本家庭和 30% 的美国家庭时长（当时美国 PC 普及率不足 23%），其核心在于第一方内容超高的销量和渗透率，比如《超级马里奥》（4024 万销量、65% 渗透率）、《俄罗斯方块》（3000 万销量、48% 渗透率）、《打鸭子》（2830 万销量、46% 渗透率）。内容为王的生态下，玩家必不唯一。随着主机的蓬勃发展，大量的第三方厂商应运而生，"垄断"也使得任天堂与第三方内容日渐背离。

同样，索尼凭借着第一方游戏平稳发展的情况，与南梦宫、卡普空等一系列 CP 方签订独占合约，凭借内容方助力，PS 赢得了主机战争的胜利。游戏无疑是 VR 领域最重要的 C 端应用，内容方的价值将被明显放大。

2.2.6　VR 是否会颠覆原有内容和社交行业格局

颠覆可能来自于两个维度：其一，VR 是否会颠覆手机，从而颠覆原有内容和社交行业；其二，VR 逐步成熟的过程中，原来 PC 和移动端的内容和社交厂商是否仍然在 VR 领域保持领先位置。短期来看，VR 设备的便携性仍然较差，即时通信等功能也较弱，难以颠覆手机，进而颠覆原有行业格局。那么，老牌的内容和社交厂商能否保持原有位置？VR 设备历代主机发展特征及重要事件如表 2-4 所示。

表 2-4　VR 设备历代主机发展特征及重要事件

主机世代	时间	特征	赢家	重要事件
第一世代	1972－1975	软硬件一体	Color TV-GAME 销量 300 万（任天堂）	
			Odyssey 系列 销量 100 万（飞利浦等）	
第二世代	1976－1982	街机黄金时代	Atari 2600 销量 3000 万（雅达利）	Space Invader 成为雅达利杀手级内容
			Game & Watch 销量 4340 万（任天堂）	内容泛滥也带来了雅达利崩溃
第三世代	1983－1988	任天堂一家独大	红白机 销量 6191 万（任天堂）	《超级马里奥》等奠定第一方游戏地位
		日本市场 95%、美国市场 83%	Game & Watch 销量 4340 万（任天堂）	《魂斗罗》等第三方游戏补充
		世嘉弯道超车	MD 销量 3375 万（世嘉）	世嘉 MD 在体育游戏占据优势
第四世代	1989－1993	任天堂迷途知返	SFC 销量 4910 万（任天堂）	世嘉的《刺猬索尼克》重磅出击
		第三方内容开始叛逃	Game boy 销量 1.19 亿（任天堂）	任天堂凭借《超级马里奥》后发先至
第五世代	1994－1999	索尼 PS 一统江湖	Play Station 销量 1.03 亿（索尼）	索尼在欧洲、日本组建大量工作室
		任天堂的内容帝国瓦解	N64 销量 3293 万（任天堂）	第三方厂商"叛离"任天堂体制
			Play Station 2 销量 1.59 亿（索尼）	PS2 兼容 DVD-ROM
第六世代	2000－2004	任天堂、索尼、Microsoft 三足鼎立	Xbox 销量 2400 万（Microsoft），Game Boy Advance 销量 8151 万（任天堂）	《最终幻想》系列 PS2 独占，EA 拒绝为 DC 开发游戏
		任天堂开启游戏人口扩展	Wii 销量 1.02 亿（任天堂）	DS 满足休闲玩家要求
第七世代	2005－2007	任天堂、索尼、Microsoft 三足鼎立	Play Station 3 销量 8740 万（索尼），Xbox 360 销量 8400 万（Microsoft）	索尼开发民用芯片，功亏一篑，Xbox 受困"三红"故障
		任天堂掌机领域处于垄断	DS 销量 1.54 亿（任天堂）	Wii 热卖并没有影响竞争对手

续表

主机世代	时间	特征	赢家	重要事件
第七世代	2005—2007	主机性能明显落后于 PC	Play Station 4 销量 9650 万（索尼）	Microsoft 放弃独占游戏，内部工作室纷纷独立
第八世代	2008—2017	主机厂商推出"半代升级"主机	Xbox ONE 销量 4800 万（Microsoft），Wii 销量 1365 万（任天堂）	针对于轻度玩家，Wii 销量下滑
		智能手机对轻度玩家的收割	Switch 销量 3227 万（任天堂）	

从表 2-4 中可以看出，以游戏为代表的内容方，地位依然稳固。尽管全球主流的主机厂商大部分都错过了移动游戏机会，但在 VR 领域，订阅类型的付费模式非常适合他们发挥，凭借着 IP 和研发实力，传统游戏厂商（尤其是主机和端游厂商）大概率仍将保持领先地位。2020 年 Steam 最畅销 VR 游戏中，*Half-Life:Alyx* 即为 V 社半条命系列 IP 作品，育碧也将旗下《刺客信条》《细胞分裂》两个经典 IP 移植至 Oculus。

在社交应用方面，新玩家和硬件厂商入局。目前最火的 VR 社交应用包括 Recroom（自定义构建和玩游戏，估值 12.5 亿美元，用户超 1500 万）和 VRChat（虚拟社交平台，同时在线 2.4 万）均登录 Steam、Oculus 平台并支持 HTC Vive、Valve Index、Oculus Quset 等主流头显。此外，以 Facebook 为代表的 VR 硬件厂商也自己研发 VR 社交 Horizon，类似于第一人称的《模拟人生》和 VR 版的 Roblox，硬件厂商不会放过新通信设备领域的社交机会，成为重要的社交玩家。手机端的其他社交玩家目前都没有大规模进入 VR 领域，我们猜想像 Facebook、微信这样具有广大账号体系的社交巨头仍可以凭借其关系链迅速导入 VR 生态；但像 Tinder、Soul 这样的陌生人社交应用则需要建立适配的 VR 设备，其在移动端的优势难以直接复制到 VR 领域。

2.2.7　VR 行业的市场规模预测和软硬件占比

短期来看，VR 行业更像主机行业；长期来看，VR 有可能成为下一代通用技术设备。随着 VR 技术的成熟，其有可能超越原有的主机游戏市场，并持续"破圈"。2020 年，全球主机游戏市场规模达 521 亿美元（包括软硬件），占全球游戏市场的 30%，其中软硬件比例约 1:1～1:2。在新世代主机中，PS5 首发 19 周销量占比约 43.5%，NS 占比约 28.8%，Xbox Series X 占比约 27.7%。部分主机软硬件及爆款游戏销量如表 2-5 所示。

表 2-5　部分主机软硬件及爆款游戏销量

主机	推出时间	硬件累计销量/万	软件累计销量/万	软硬件销量比	TOP 1 销量游戏	销量
GB	1989 年	11800	50100	4.25	《口袋妖怪红》	3000
SFC	1990 年	4910	37900	7.72	《超级马里奥世界》	4000
PS	1994 年	10249	96200	9.39	《GT 赛车》	1000
PS2	2000 年	15500	153700	9.92	《GTA：圣安地列斯》	2000
GBA	2001 年	8151	37700	4.63	《口袋妖怪红宝石》	1500
PS3	2006 年	8740	99940	11.43	GTA5	1500
Wii	2006 年	11000	89200	8.11	Wii Sports	8300
3DS	2011 年	7594	38648	5.09	《口袋妖怪 X》	1100
PS4	2013 年	11590	118100	10.19	GTA5	1500
NS	2017 年	8459	58712	6.94	《超级马里奥赛车》	2400

从 20 世纪 80 年代以来，全球经历了 20 余款主流主机硬件，其中 PS1/2/4、DS、GB、Wii 等主机实现了销量过亿，软硬件销量比也从 4 上升至近 12。硬件的普及为软件市场带来了巨大机会。各大主机厂商的热门 IP 经久不衰，可以达到当代主机 10%～30%的渗透率。

2.2.8　国产 VR 游戏情况以及成本、研发周期

目前国内游戏厂商自主研发的 VR 游戏并不多，包括腾讯的《猎影计划》、网易的《故土》《荒野潜伏者》等。网易在 VR 游戏领域相对领先，拥有研发《荒野潜伏者》的 Viva 开发组等多个工作室进行 VR 游戏开发。其中，《荒野潜伏者》的核心研发人员约 30 人，研发历时 2 年。VR 游戏行业的顶流 *Half-Life:Alyx*（约 15～20h 游戏时长）的核心研发人员约 80 人。事实上，《原神》等头部手游的研发团队已经超过 400 人，上线前研发超 3 年，研发投入远超 VR 游戏。目前，VR 游戏的

研发仍处于早期阶段，主流游戏大厂有充足的人力和资源进入 VR 游戏领域。

2.2.9　VR 生态的商业模式

以 Oculus Quest 为例，应用的商业模式将包含以下几种形式。

（1）免费应用：支持免费下载和安装。

（2）免费下载+付费会员：月度或年度，可随时取消，并提供一定期限内免费试用（Oculus 的订阅模式是订阅单一软件，而不是像 HTC Viveport 订阅那样，在订阅期间使用库中的所有软件）。

（3）付费 DLC：如 *Beat Saber* 与多个歌手合推的 DLC 音乐包。

（4）付费应用：一次性付费购买即可下载使用。Oculus Quest 等平台收取流水的 30%分成计入收入。

2.2.10　VR 行业大发展带来的投资机会

1000 万出机量是 VR 生态的阈值，Oculus Quest 2 有望达到。超过这一阈值，越来越多的内容厂商开始获利，传统主机等游戏厂商进入 VR 生态，优质的内容又将吸引更多的用户，从而实现正向循环。以 Facebook 为代表的互联网巨头将 VR 视为下一代通信技术，从硬件、系统以及软件全方面布局，抢占先发优势。VR 与主机一样，是内容驱动型产品，优质内容（主要是游戏）将成为硬件厂商决胜的关键。短期来看，VR 市场可以参考主机游戏市场空间（约 521 亿美元），其中软硬件比为 1:1～1:2。VR 不会改变现有内容和社交格局，传统内容厂商凭借 IP 和研发仍将保持领先优势。看好 VR 行业进入快速发展期，推荐优质内容厂商：腾讯、网易、吉比特、三七互娱、世纪华通。

2.3　元宇宙热潮下 NFT、数字孪生技术梳理

NFT 相较于 FT（Fungible Token，同质代币）具有不可替代性，这使得 NFT 可以作为数字领域中真实性和所有权的证明。NFT 是基于区块链数位账本上的一种数据单位，意思是不可互换的代币，即非同质代币，每个代币具有不同的属性，其本身具有独特性；不同于 FT，如 BTC 等，NFT 具有独一无二、稀缺、不可分

割的属性。NFT 技术被应用于艺术作品、游戏或其他创意形式的作品存储，其中发展最为迅速的是游戏、艺术品、域名等领域。

NFT 主要基于底层协议实现，目前，主流的有 ERC721、ERC1155、ERC998。

（1）ERC721：是最早被以太坊认可的 NFT 协议，同时也是目前应用最广的协议标准。ERC721 协议诞生自 cryptokitties，它定义了 NFT 的 4 个关键元数据——ID（全局 id）、NAME（名称）、SYMBOL（符号）和 URI（统一资源标识符），这些也成为了后来出现的各种 NFT 协议的元数据基础。ERC721 协议接口与标准代币接口 ERC20 具有相似的属性，能够实现 NFT 的发行、交易和授权，可以满足区块链业务的基本需求。ERC721 与 ERC20 的主要区别在于，ERC721 允许跟踪资产的所有权记录，即赋予这些资产独一无二的属性。目前，ERC721 协议主要用于画作、债券、房子、汽车等资产的数字化存储，其优势在于保证所有权的安全性、所有权转移的便捷性以及所有权利的不可更改和透明性。但是，ERC721 协议有其局限性：一份合约只能发行一种 NFT 资产，因此，在资产过多时，难以对合约进行统一管理。这导致 ERC721 难以胜任游戏等复杂场景（游戏道具数量庞大），ERC1155 应运而生。

（2）ERC1155：主要针对游戏场景的 NFT 资产协议，资产将被存储在一个中央智能合约。其与 ERC721 的核心不同在于：

1）一份合约支持发行多种的 NFT 资产，且可以实现对多种类的 NFT 资产进行统一管理、打包交易，大幅节省用户对多种类资产的管理与交易时的手续费用。

2）通过 IDSplit 方案，兼备 FT 与 NFT 特征，使得协议针对游戏内的道具表征更加便捷，如游戏内消耗品本身更具被同质化属性。

3）ERC1155 移除了 ERC721 中的 NAME、SYMBOL 字段，仅保留 ID 和 URI，使得 ERC1155 对资产的描述能力大幅降低，而将描述资产的权力交给上层，使得上层管理可以基于不同的场景，对 URI 字段进行定制化的逻辑解析，这使得开发者可以针对不同业务场景对 NFT 游戏道具进行合理的复用。综上，ERC1155 的设计理念更看重 NFT 的轻量性和可操作性，更是通过直接使用整个 id 字段来表征 FT 的种类，而对于 id 的具体含义则交由更上层的解析。因此，ERC1155 对游戏内的场景应用具备领先优势。

（3）ERC998：协议可以实现非同质化代币的组合，它的结构设计是一个标准化延伸，可以让任何一个 NFT 拥有其他 NFT 或 FT。转移 CNFT 时，就是转移 CNFT 所拥有的整个层级结构和所属关系。简单来说，ERC998 可以包含多个 ERC721 和 ERC20 形式的代币。例如进行房屋交易时，ERC721 协议仅能代表房屋整体，但内部家具等细分资产却无法表达。因此，需要用对细节更细化的代币来表达。ERC998 可以将房屋与房屋内的各自资产进行集合来完整地描述房屋这个集合资产，其中包含了房屋内子资产与房屋的所有权关系，实现对整体资产的一次性交易。

目前，NFT 主要应用于元宇宙、收藏品、艺术品、游戏以及现实资产和文档。

（1）元宇宙：如 Decentraland、The Sandbox 和 Cryptovoxels 之类的去中心化虚拟现实平台使用户可以创建、拥有和货币化虚拟土地，以及其他游戏中的 NFT 物品。Decentraland 的 LAND 由社区永久拥有，使玩家能够完全控制自己的作品和虚拟资产。

（2）收藏品：收藏品是当前最流行的 NFT 应用之一，通过 NFT 技术创建明星运动员和名人的数字化版本，与数字 NFT 艺术一起在 Opensea、BakerySwap 和 Treasureland 等 NFT 平台进行销售，凭借 NFT 的独一无二属性，赋予收藏品稀缺的属性，其在销售中占了很大比例。

（3）艺术品：数字艺术家面临的最大挑战之一是保护其创作不受版权侵害，而 NFT 是一种解决方案，因为它们提供了所有权、真实性证明并消除了假冒和欺诈问题。NFT 是唯一的、不可拆分的代币。在区块链上，加密艺术家的签名能够有效验证真实性和所有权。

（4）游戏：NFT 能够记录玩家在游戏内的状态和成就，保存游戏中获得的物品清单，如武器、电源、车辆、角色等。NFT 能够确保记录不可篡改地无缝转移，保证游戏物品的所有权验证和真实性。

（5）现实资产：NFT 可以对诸如财产和股票之类的现实资产进行令牌化，或者对诸如资格、执照、病史、出生和死亡证明之类的文档进行令牌化。但是，该类别的开发仍处于早期阶段，其应用案例相对较少。

元宇宙中的核心技术还包括数字孪生，数字孪生是利用物理建模、传感器数据、历史运行数据等多种数据源，集成多学科、多物理量、多概率计算的仿真过程，实现在虚拟空间中对现实设备、系统的映射，从而可以在虚拟空间模拟实体装备的全生命周期过程，其本质是创造一个数字版的现实装备"克隆体"，也称为"数字孪生体"。数字孪生实现了现实物理系统向虚拟空间数字化模型的反馈，各种基于数字化模型进行的各类模拟仿真、分析、数据积累、发掘，甚至 AI 的应用，都能确保它与现实物理系统的适用性。

数字孪生生态系统由基础支撑层、数据互动层、模型构建与仿真分析层、共性应用层和行业应用层组成。其中，基础支撑层由具体的设备组成，包括工业设备、城市建筑设备、交通工具、医疗设备等；数据互动层包括数据采集、数据传输和数据处理等内容；模型构建与仿真分析层包括数据建模、数据仿真和控制；共性应用层包括描述、诊断、预测、决策 4 个方面；行业应用层则包括智能制造、智慧城市在内的多方面应用。数字孪生技术架构如图 2-2 所示。

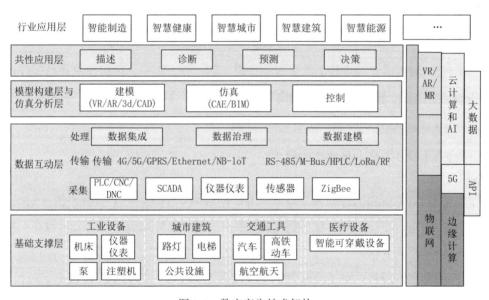

图 2-2　数字孪生技术架构

目前，数字孪生主要应用领域包括数字化设计、虚拟工厂、设备维护、智慧城市、智慧医疗等方面。

（1）数字化设计：数字孪生技术打造产品设计数字孪生体，在虚拟空间进行系统化仿真，实现反馈式设计、迭代式创新和持续性优化。目前，在汽车、轮船、航空航天、精密装备制造等领域，已普遍性展开原型设计、工艺设计、工程设计、数字化样机等形式的数字化设计实践。

（2）虚拟工厂：基于数字孪生技术与 MES 结合，在虚拟空间构建出数字化的虚拟车间、数字工厂，实现物理实体与数字虚拟体之间的数据动态交互，根据虚拟空间的变化实时对生产进行预测，通过预测结果及时调整生产工艺、优化生产参数，从而提高生产效率。

（3）设备维护：开发设计设备数字孪生体并与物理实体同步交付，实现设备生命周期数字化管理，同时依托于现场数据收集与数字孪生体分析，提供产品故障分析、寿命预测、远程管理等增值服务，增强用户体验，减少运维成本，强化企业核心竞争力。

（4）智慧城市：建设城市数字孪生体，以定量与定性结合的形式，在数字世界预演天气环境、基础设施、人口土地、产业交通等要素的交互运作，绘制"城市画像"，支撑决策者在物理世界实现城市规划"一张图"、城市难题"一眼明"、城市治理"一盘棋"的综合性效益最优化布局。

（5）智慧医疗：将数字孪生与医疗服务相结合，实现人体运作机理和医疗设备的动态监测、模拟和仿真，加快科研创新向临床实践的转化速度，提升医疗诊断效率，优化医疗设备质控监管。

2.3.1　NFT 商业落地中的思考

随着 NFT 概念的持续火热，各大互联网应用如 Twitter、TikTok、腾讯幻核、支付宝等都开展了在 NFT 领域的尝试，手握版权、IP 等知识产权的公司也在积极推进 NFT 相关合作。

市场逐步了解了 NFT 为何物，但其商业逻辑何在？究其原因是在数字时代，传统知识产权的商业模式在面对快节奏的数字媒体时捉襟见肘，而 NFT 为文化传播带来了全新的价值捕获维度，能够让知识产权在文化传播流行中创造新的商业价值。

二创爆发下，创作模式升级但版权商业模式无法匹配。版权商业模式与内容创作模式间产生了代际差，传统的版权授权模式已经无法适应 C 端共创的新形势。随着内容创作工具与内容分享平台的发展，用户创作的门槛逐步降低，全民共创成为趋势。YouTuber 和 UP 主开始成为一种全新的职业，抖音更是使全民视频创作成为了现实。创作模式从传统的专业内容创作转变为用户创作的同时,也带来了版权授权上的问题,特别是在原创作品上进行加工创作的二次创作作品。二次创作短视频侵权概况如表 2-6 所示。

表 2-6 二次创作短视频侵权概况

作品类别	被侵权作品量/件	侵权短视频/万条	单部作品侵权量/条
国家版权局重点预警名单作品	150	85.28	5685
电视剧	1779	1344.21	7556
电影	2413	67.52	1054
综艺	1120	415.67	3711
体育	37	181.27	48991
动漫	177	4.48	256
其他	175	4.48	256
合计	5525	2056.1	37021

二创短视频作品深受观众喜爱,这些二创作品一般是作者将原创作品(一般为影视作品)重新剪辑排列,配以自己的解说后再上传。影视类二创作品迎合了当下观众快节奏的消费需要,同时制作者的剪辑特色也为作品带来了全新的吸引力。在抖音、B 站等平台上,不少影视类二创剪辑作品都有几百万甚至上千万的播放量。但二创作品的流行也带来了普遍的侵权行为,2019 年—2021 年 5 月,12426 版权监测中心对 5525 件重点影视、综艺、体育赛事等作品开展监测工作,累计监测到侵权短视频 2056 万条,单部作品盗版量达到 37021 条。

版权方与二创作者的关系并非完全矛盾,核心在于版权方能否受益于二创作品传播。

一方面,二创作品与影视剧渠道互补,能"以短促长"带动原作品的热度。如 B 站上用 87 版《红楼梦》的林黛玉、94 版《三国演义》的诸葛亮为基础的二创作品,还能时不时登上热门频道,在剧播后几十余年后仍然获得千万级流量,频频破圈。也有影视剧片方"约稿"二创作者为新作品进行二创,因为作品覆盖的渠道不同,短视频能够很好地实现引流作用。

而另一方面,二创作品与影视作品具有替代关系。部分二创作品就是原作的精简版，观众在观看二创作品后就知道了剧情因此剥夺了原作的流量。以"批评吐槽+大量剧透"为主要内容的二创作品甚至会葬送版权方的大部分劳动成果，这种创作模式对于版权方来说无异于杀鸡取卵，令人无法接受。

我们看到了影视行业对这种二创行为的联合抗议，在2021年4月"爱优腾"三大视频平台携超500名艺人发布反对视频剪辑创作的联署倡议书，B站和抖音上的不少影视剪辑作品被下架。但这种版权保护行为在舆论中并没有得到一边倒的支持，观众对于二创作品的需求客观存在。版权方也并非想消灭二创市场，其核心诉求还是希望在二创作品的传播中分得属于自己的利益。

而对于创作者和版权方来说，在版权授权使用中主要存在以下问题：

（1）缺少有效的沟通授权渠道。许多个人创作者在创作时有意从版权方处获取授权，但由于缺少沟通渠道，还有申请授权渠道的不明晰，普通创作者很难获得授权。对于版权方来说也无力同时对接大量的个人创作者。

（2）缺少版权授权有效的定价机制。短视频授权的相关价格机制尚未形成，实践中，二创短视频制作者们向版权人寻求授权时，往往也会被要求参照长视频的授权价格。而影视剧在传统渠道的传播授权价格经常高达数十万元，这对于个人创作者来说是难以接受的。由于网络传播结果的不确定性，同时缺乏交易市场，版权买卖双方难以在定价上达成一致。

（3）版权授权的交易复杂，交易成本高。二创短视频往往需要对影视作品片段进行重新剪辑排列，除信息网络传播权外还需获得改编权的许可。但是，目前版权交易市场中并不存在如信息网络传播权授权般成熟完善的改编权交易体系，因此便出现了短视频制作者不知如何寻求改编权授权，影视作品版权人不知如何保障自己的权益，在改编权授权中避免今后被篡改、恶搞，交易复杂和交易成本偏高也让版权交易难以达成。

目前短视频创作平台多采用集中采购版权授权，用户可以在平台版权库内使用资源。抖音、快手等短视频平台，都会给用户提供配乐音乐库，供用户选择配乐并与自己的短视频合成后发布到短视频平台上，供其他用户在线观看。抖音与日本唱片公司AveX、腾讯音娱合作、上线"看见音乐计划"、收购英国音乐公司Jukedeck；快手与腾讯音娱合作都是为了解决音乐版权问题。但这种模式更适用于版权集中的音乐，影视版权更加分散，交易成本依旧高昂，在影视版权上依旧没有很好的解决方案。

NFT 具备变革版权商业模式的潜力。以联盟链为底层技术的存证应用已经在版权保护方面取得成果，得益于区块链的数据开放、多方互信、不可篡改的特点，能够实现一次登记简化维权的效果。单纯将版权信息上链和业务流程数字化并不能显著提高版权资源的市场配置效率，但 NFT 具有升级版权商业模式的潜力。

联盟链技术已经运用在版权保护的司法实践中。联盟链是指经验证的节点联盟运营的区块链网络，能够进行合规管理和用户身份验证。版权是联盟链技术最早开始尝试和落地的方向，也符合国家提倡的无币区块链的精神。北京互联网法院、杭州互联网法院和广州互联网法院都已经采用区块链技术用于存证和取证。2018 年 6 月 28 日，全国首例区块链存证案在杭州互联网法院一审宣判，使用了数秦科技保全链的版权存证平台。区块链版权保护流程如图 2-3 所示。

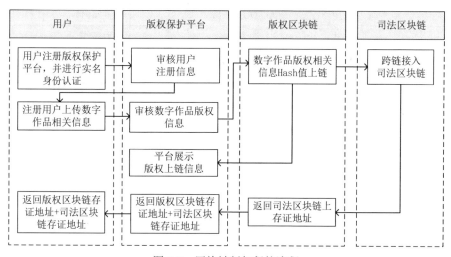

图 2-3　区块链版权保护流程

通过将版权存证上链，降低了确权与维权成本。版权行业从纵向环节分为确权、用权和维权，其中确权主要指版权申请、登记、复议和认证等业务，用权主要涉及版权授权、收费和交易等业务，维权主要是侵权调查、预警和诉讼等服务，与法律制定等息息相关。联盟链解决版权确权问题的核心在于区块链不可篡改、相对透明、多方互信的特点，降低了版权确权凭证的调用、核实成本。蚂蚁链版权保护与传统版权保护的对比如表 2-7 所示。

表 2-7　蚂蚁链版权保护与传统版权保护的对比

项目		传统版权保护	蚂蚁链版权保护
确权存证	方式	线下登记	发布即存证
	时效	7～30 天	1 分钟
	费用	200 元/件	1～10 元/件
传播监测	方式	项目制	SaaS 服务
	时效	2～3 天	即发即得
	费用	800～3000 元/件	（数元～数十元）/件
侵权取证	方式	公证处	线上取证
	时效	2～3 天	1～30 分钟
	费用	800～3000 元/件	5～300 元/件
司法维权	方式	律所-法院	线上办理
	时效	3～8 个月	20 天以内
	费用	数万元/件	数百元/件
智能交易	方式	线下撮合	在线交易
	时效	无法保证	实时完成
	费用	无价格体系	很低的服务费

　　各大互联网厂商和创业公司都在"区块链+版权保护"领域进行了布局，包括蚂蚁链版权保护平台、百度图腾、纸贵版权等。以蚂蚁链版权保护平台为例，其基于蚂蚁链 BaaS 架构，提供可视化界面，提供原创登记、版权监测、电子证据采集与公正、司法诉讼全流程服务，基于阿里云云端部署，简化流程操作，降低了确权维权成本。企业区块链版权应用情况如表 2-8 所示。

表 2-8　企业区块链版权应用情况

主体	平台	功能
百度	百度超级链版权解决方案	覆盖图片生产、权属存证、图片分发、交易变现、侵权监测、维权服务的全链路版权服务平台
太一云	中国版权链	提供版权登记、确权、评估、公正等服务
纸贵版权	数字版权平台	版权登记、存证、侵权取证服务
北京互联网法院、杭州互联网法院、广州互联网法院	司法区块链	版权司法维权

续表

主体	平台	功能
人民网人民在线	人民版权平台	新闻版权联盟链,打造一站式版权保护管理平台;通过版权收益分享机制,激发原创媒体上链的积极性,打造线上原创内容中心和交易中心
亿生生科技	亿书	提供解决版权存证、版权交易、内容分发服务
数泰科技	保全链	提供一站式维权服务功能,主要包含了原创确权、侵权监测、证据固定、司法维权一体化等功能
北京邮电大学区块链实验室	区块链版权平台	版权登记、存证、侵权监测等服务
中国版权保护中心	基于区块链技术的 DCI 体系	数字作品版权登记、版权费结算认证和侵权监测快速维权三大核心功能
爱奇艺	区块链平台	区块链版权存证

分析表中数据可知,区块链存证的技术特点完美契合版权确权维权的需求,但未解决"用权"阶段的痛点,版权交易授权的流程复杂与高成本、版权分散与渠道的缺失依旧限制着行业发展。联盟链版权平台在版权的交易层面更多的是将传统业务数字化,本质上依旧是传统的点对点交易授权模式。而 NFT 能够提供全新的金融机制,解决版权业务在面对用户共创趋势时的痛点。

NFT 可以解决版权交易和业务标准化的难题。NFT 具备唯一性、不可分割性和资产属性,是一种可编程的数字权益。

在版权业务中,NFT 可以看作"流动的契约",能为版权资源配置带来全新的机制。NFT 不仅能实现版权确权,而且版权方可以批量发行不同条件的授权协议,让授权协议在市场中流通定价。同时,可以在 NFT 智能合约中规定版税、收益抽成、交易抽成等约定,实现版权使用和传播过程中长期的价值捕获。NFT 版权保护架构如图 2-4 所示。

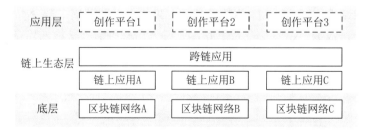

图 2-4 NFT 版权保护架构

NFT 的开放性为版权业务落地带来了更大的创新空间。与传统的数字资产不同，NFT 记录在区块链中，可以看作应用生态共用的数据库。应用可以根据自身方向发展，数据不被垄断。同时，NFT 可以自由地流通交易，提供更有效的定价机制。传统互联网应用也可以调用 NFT 数据，业务上与 NFT 实现融合，在技术上并非难事。这种架构上的调整为版权业务落地带来了更大的创新空间。

NFT 能够降低版权交易的门槛，适应全员共创的新媒体时代。NFT 以一种简洁的方式封装了版权交易授权中的复杂性，并通过智能合约和生态应用执行授权条款，用户只用了解自身权益，在集中市场中交易即可。这种面向 C 端的商业模式，也降低作品版权商业化的门槛，保障原创作者与二创作者的利益，为数字文艺内容发展奠定基础。同时，NFT 的标记性使创作者与二次创作者与观众的链接更加多元化。我们也看到了包括 BAYC、Cryptopunks 等 NFT 持有者组成了排他性的粉丝社群，NFT 与粉丝经济的结合也在进行模式探索。

和联盟链版权保护平台的落地一样，NFT 赋能版权市场也离不开与司法部门的合作，如何让链上智能合约像链上确权存证一样具备法律效应，有待产业的持续探索。

2.3.2　NFT：元宇宙的数字资产确权解决方案

NFT 通常是指开发者在以太坊平台上根据 ERC721 标准/协议所发行的代币。NFT 的主要特征如图 2-5 所示。NFT 的特征主要体现为：

（1）唯一标识：NFT 在其代码中包含描述每个 Token 的属性信息，这些属性使它们与其他代币不同。

（2）可溯性：每个 NFT 都有链上交易的记录，从创建时间开始到每次交易，从而证明其真实性。

（3）稀缺性：通常 NFTs 的数量都是有限的，极端的例子是只有 1 个副本。

（4）不可分割：NFT 不能以整体的一部分进行交易，不能分成更小的面额。

NFT 主要用于证明数字资产的唯一归属权，目前主要应用于游戏、艺术品、收藏品、虚拟资产、身份特征、数字音乐、数字证书等领域。NFT 的价格主要受市场对其 NFT 价值的共识、稀缺性及流动性等因素影响。FT 与 NFT 的对比如图 2-6 所示。

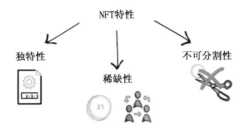

图 2-5　NFT 主要特征

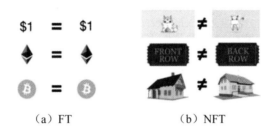

（a）FT　　　　　　　（b）NFT

图 2-6　FT 与 NFT 的对比

NFT 交易平台如表 2-9 所示。

表 2-9　NFT 交易平台

名称	代币	简介	成立时间
Opensea	—	号称"区块链游戏的 eBay"的 Opensea 是交易市场的领头羊，目前已支持超 1300 万个项目。在这个全球最大的 NFT 综合交易市场中，用户可通过直接交易、荷兰式拍卖、英式拍卖和 OTC 交易这 4 种方式进行加密艺术品、收藏品、游戏物品，以及其他建立在以太坊 ERC-721 与 ERC-1155 标准上的数位资产的买卖。Opensea 会在商品售出后收取售出价格的 2.5% 作为佣金，部分游戏方还会按照交易金额的 7.5% 收取手续费。自 2021 年 1 月以来，无论是成交额还是用户数量，Opensea 均呈直线上升趋势。目前 Opensea 的总交易额超 1.4 亿美元，用户总数已突破 5 万人	2018 年
Rarible	RARI	Rarible 是个以创作者为中心的 NFT 发行与交易平台，任何用户都无需编码技能即可创建和销售数位收藏品。2020 年 7 月，Rarible 发行了属于自己的原生治理代币 RARI，按照用户每周的购买量和销售量进行分配，用户可将这些代币用于购买和出售 NFT。其中，最为活跃的创建者和收藏者可通过持有 RARI 获得治理权，为任何平台的升级投票，且参与管理和审核。正是凭借治理代币的发行与激励措施，Rarible 在成立短短一年多时间就后来居上，某月销售量曾一度是 OpenSea 的 10 倍	2020 年

名称	代币	简介	成立时间
SuperRare	—	成立于 2017 年的 SuperRare 无疑是整个 NFT 交易赛道中最出圈的。由于 SuperRare 基于以太坊 ERC721 标准，以及对艺术家入驻有较高的门槛，所有创作的作品都必须为原创，且每周都会对艺术家进行一次审查，这在很大程度上保证了加密艺术品的高质量。与此同时，SuperRare 特别的激励措施是其源源不断吸引大批艺术家入驻的重要原因之一，艺术家首次销售出作品后即可获得收入的 85%，且还可永久获得二级市场销售额的 10%。目前 SuperRare 已迅速崛起，用户数和交易额正以较快的速度增长，总交易额已超 2000 万美元，出售数量超 1.7 万件，平均每件作品成交价格为 1460.45 美元	2017 年
VIV3	—	上线不久的 VIV3 是基于 FLOW 的首个 NFT 交易平台。在该平台中，每个创作者的所有作品都是由他们自己的区块链智能合约铸成，Flow 生态系统中的任何应用也因此可直接轻松地与各个艺术家的合约进行整合。虽然是新的交易平台，但其吸引了 Anne Spalter、Ben Mauro 等知名艺术家的参与。在测试期间的一个月时间里，共有 115 件艺术品被铸造并上架，其中有 29 件被购买。其中，有个重要原因在于 VIV3 的铸造和交易费用都由平台自己承担，创作者可在作品被首次出售时获得 87.5%的收入，作品被转售时可获得 10%的版税收入	2021 年
Mintable	—	Mintable 是一个新兴 NFT 交易平台，拥有无 Gas 费的 NFT 铸造功能。同时，完成交易后的买卖双方将会获得"投票权 NFT"，用户可使用该 NFT 参与项目社区治理。目前，Mintable 宣布已获 NBA 达拉斯独行侠队老板、亿万富翁马克·库班的投资	2020 年

NFT 的交易额爆发式增长，收藏品及艺术品占据主流。根据 CoinGecko 数据，2021H1，NFT 整体市值达 127 亿美元，相较于 2018 年增长近 310 倍。根据 NonFungible 数据，2021Q2 NFT 交易规模达 7.54 亿美元，同比增长 3453%，环比增长 39%；活跃钱包数/买家/卖家分别为 17.7 万/9.5 万/4.0 万，同比增长 340%/451%/264%，环比增长 39%/38%/25%；结构上，2021Q2，收藏品/艺术品/游戏/其他品类交易量占比分别为 66%/14%/5%/15%，收藏品领域受 Crypto Punks 等现象级产品驱动，交易量实现爆发式增长。

Everydays：The first 5000 days 的作者为美国数字艺术家暨图像设计师 Beeple，Beeple 从 2007 年 5 月 1 日开始，每天都会创作一幅数字图片，不间断地维系了

13 年半,将它们集结之后产出 *Everydays:The first 5000 days*。

得标者将会收到 *Everydays:The first 5000 days* 图片以及一枚 NFT,该 NFT 奠基于区块链技术,存放了数字作品的元资料、原作者的签章以及所有权的历史记录,而且它是独一无二的。佳士得将把代表 *Everydays:The first 5000 days* 所有权的 NFT 寄到得标者的加密货币账号。

2021 年 8 月 27 日,NBA 球星斯蒂芬 • 库里(Stephen Curry)在 Twitter 更新了自己的头像(一个穿着粗花西装的 BAYCNFT),购买该头像共花费 18 万美元(55 个以太币,约 116 万人民币),引发市场进一步关注。

BYAC 全称是 Bored Ape Yacht Club,是由一万个猿猴 NFT 组成的收藏品,包括了帽子、眼睛、神态、服装、背景等 170 个稀有度不同的属性。通过编程方式随机组合生成了一万个独一无二的猿猴,每个猿猴表情神态穿着各异。

2.3.3　Axie Infinity:基于 NFT 构建闭环经济系统

NFT 是一种基于以太坊区块链的"非同质化通证"。NFT 能够映射到特定资产(包括数字资产,如游戏皮肤、装备、虚拟地块等,甚至实体资产),并将该特定资产的相关权利内容、历史交易流转信息等记录在其智能合约的标示信息中,并在对应的区块链上给该特定资产生成一个无法篡改的独特编码。NFT 标记了某一用户对于特定资产的所有权,使得 NFT 成为该特定资产公认的可交易性实体。

Axie Infinity 是一款去中心化回合制策略游戏,基于以太坊,玩家操控 Axie 精灵进行战斗、繁殖,游戏大部分过程不需要和区块链交互,这保证了对于游戏来说最重要的可玩性。

Axie lnfinity 系统目前分为 4 个板块,分别是战斗系统、育成、交易市场和家园系统。*Axie Infinity* 玩法思路如图 2-7 所示。

Axie Infinity 是一款基于以太坊区块链的去中心化回合制策略游戏,玩家可以操控 Axie 精灵进行饲养、战斗、繁殖及交易。区块链游戏将游戏中的数字资产化为 NFT,凭借区块链技术不可篡改、记录可追溯等特点记录产权并确保真实性与唯一性,游戏资产交易不再依靠公司平台也有安全性保证。*Axie Infinity* 中每一只小精灵均为一个独特的 NFT,所有权及交易记录均在链上公开显示。*Axie Infinity* 中 NFT 代币获取及消耗方式如表 2-10 所示。

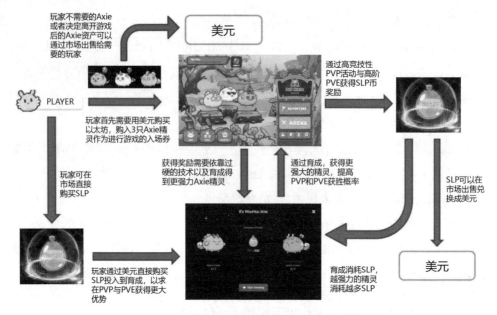

图 2-7　*Axie Infinity* 玩法思路

表 2-10　*Axie Infinity* 中 NFT 代币获取及消耗方式

代币类型	获取	消耗
ETH	出售 NFT（Axie 精灵）	购买 NFT（Axie 精灵）
AXS	赛季排位	繁殖
SLP	PVE/PVP 战斗 每日任务	繁殖

　　从表 2-10 中可以看出，*Axie Infinity* 生态中目前涉及 3 种核心 NFT 代币：ETH、AXS、SLP。

　　（1）ETH：游戏生态与外部经济体系的唯一交互点。参与游戏的前提是拥有一个包括 3 个 Axie 精灵的队伍（按照目前的市场价，入场费最低约为 4000 人民币）。Axie 精灵只能通过交易、孵化、赠送 3 种方式获得，新手玩家想要进入游戏，就只能用 ETH 进行购买，同时成功卖出 Axie 精灵的卖家将承担 4.25% 的 ETH 作为交易手续费。

　　（2）AXS：官方治理通证。AXS 能且只能通过每个月的排位奖励获得，同时游戏中仅繁育过程需要消耗 AXS。AXS 持有者可以通过质押 AXS 的方式来参与平台的治理投票。

（3）SLP：Play-to-Earn 的最主要盈利模式。SLP 通过人机对战（Player Versus Environment，PVE）或玩家对战（Player Versus Player，PVP）获得，每天每个账号的 SLP 获得上限总计 75 个（PVE 获得上限 50 个，5 场 PVP 胜利及 10 场 PVE 胜利后领取 25 个 SLP）。玩家获取的 SLP 主要用于繁育新一代的 Axie 精灵或者直接提取卖掉。通过游戏内战斗或日常任务获取 SLP，积累 SLP 达到 Axie 精灵购入价值是游戏内最主要的盈利模式。

AXS 真正形成了一个完整的闭环经济系统。AXS 宇宙由玩家（Player）、AXS 持有者（AXS Holders）、Axie 的游戏宇宙（Game Universe）以及 Axie 社区共同基金会（Community Treasury）构成。在游戏内，玩家通过交易、Axie 宇宙游戏获得 AXS，通过游戏与培养宠物花费 AXS。在游戏外，持有 AXS 的玩家可以投资 AxXe 社区共同基金并且根据份额获得对游戏决策的投票权以及游戏提供的收益。因此，在这一经济体系下，AXS 形成一个完整的闭环经济系统。游戏收益不再被开发商垄断。AXS 的总发行量为 2.7 亿枚，且永不增发，其中 20%用于玩耍赚钱、29%用于质押奖励。

Axie Infinity 平衡的经济系统，系其核心优势与亮点，主要依赖繁殖系统与战斗机制实现。

（1）繁殖系统：遗传增加随机性，宠物价差由此拉开。宠物的眼、耳、嘴、背、角、尾巴 6 个部位会决定该宠物所拥有的核心战斗技能，宠物的 6 个部位一般属于自己的种族，当出现其他种族的部位称之为"变"。宠物的每个部位都受 3 个基因控制，分别为显性基因（D）、遗传概率 37.5%，隐性基因（R1）、遗传概率 9.375%，次隐性基因（R2）、遗传概率 3.125%。在繁殖限制条件下，默认每只宠物都繁殖 7 次，且不能进行近亲繁殖或与自己的父母代繁殖，2 只宠物最多可繁殖 7 只，3 只或以上宠物可繁殖的数量则无上限。宠物的繁殖需要消耗 AXS、SLP（2 个 AXS+对应 SLP）。同一宠物每繁殖一次，下一次繁殖需要更多的 SLP。繁殖过程中，整个游戏的 SLP 的产出与消耗基本维持动态平衡。

（2）战斗机制：增加玩法多样性，玩家主要的盈利场景。游戏最重要的收益来源于游戏的 PVE/PVP/每日任务。玩家通过 Axie 战获得 SLP 奖励，进而投入 Axie 繁殖。*Axie Infinity* 中的游戏数据相对平衡，战斗牌组由 3 个 Axie 的 12 张技能牌组成。起始手牌有 6 张手牌和 3 点能量，之后每回合抽 3 张牌，增加 2 点能量。同时，在对战过程中根据不同的战局环境判断具体应该使用什么特效也非常关键。每回合较多的抽卡数量与不弃牌的机制，最大程度上减少了战斗过程中的随机性，更考验玩家卡组技能配置的合理性与针对性。相较于过往完全侧重于交易属性的区块链游戏，*Axie Infinity* 明显提升了可玩性，交易人群不再局限于相互转手牟利的玩家，还包括真正想要收集强力 Axie 用于对战的玩家，进一步增强了资产的保值性与交易市场的活力。

Axie Infinity 经济系统内循环由 3 个方面组成：玩家、Axies（NFTs）、AXS/SLP。生态系统内外两大循环分别体现游戏的价值创造维度与价值消耗维度。逆时针方向的绿色外循环体现游戏创造价值的能力：用户进入生态系统花费真实货币购买 Axie；Axie 需要消耗 AXS/SLP 进行繁殖；玩家质押购买或赢得的 AXS 获取收益。顺时针方向的紫色内循环则体现游戏消耗份值的能力：玩家购买 AXS/SLP 进行 Axie 繁殖与社区治理，其中绝大多数用户都是通过交易所购买；参与战斗赢取 AXS/SLP 奖励；通过出售 Axie 精灵来创造收入，资金通过用户购买 Axie 精灵进行游戏而进入系统，当用户出售代币与 Axie 精灵时，资金离开系统。

Axie Infinity 月收入高歌猛进。AxleWorld 数据显示，*Axde Infinity* 2021 年 8 月收入达 3.64 亿美元，较 7 月收入 1.96 亿美元环比增长逾 85%，其 8 月收入仅次于以太坊，后者收入为 6.7 亿关元，稳居链游 TOP1。同时，*Axie Infinity* 的成功也标志着区块链技术在游戏领域实现商业化突破，其月收入已经远超全球游戏收入榜一《王者荣耀》的 2.31 亿美元（2021 年 7 月）。

Axie Infinity 直接链接开发商与玩家，并且 95.75% 的收入通过代币形式赋能到社区玩家，每一个玩家都能够实现 Play-to-Earn。并且随着游戏的发展，玩家都可以享受到发展的红利（社区投资基金），同时可以通过持币投票（DOA 社区治理）。这一系列的机制创新极大程度上激励了传统的游戏玩家向区块链游戏进军，据 *Axie Infinity* 的 Twitter 账号，其日活跃用户已经突破 100 万。

复盘 *Axie Infinity* 的成功，首先是特定的经济环境，在新冠疫情的打击下，菲律宾国内经济全面下行，玩家选择进入 *Axie Infinity* 谋生推动游戏热度持续提升。其次，虚拟货币与法定货币的兑换需要当地银行以及金融机构的支持。最后，游戏内部还需要有足够良性的社区及经济生态维持游戏的生命周期。按照游戏开发团队 Sky Mavis 在白皮书中预想的计划，到了 2023 年，开发团队将会失去对 *Axie*

Infinity 的绝对投票权。届时，游戏将会由持有 AXS 代币的玩家掌控主导，完成去中心化。

2.3.4 《堡垒之夜》：通过平台互通与内容共享实现虚实交互

《堡垒之夜》具备两大元宇宙内核精神：平台互通与内容共享；虚拟与现实世界交互。当前互联网虽然建立在开放共通的标准上，但大多数巨头比如 Google、Facebook、Amazon 等均抵制数据交易和信息共享，与元宇宙平台互通、内容共享的标准相违背。元宇宙首先要做到的就是无障碍互通，就像各国之间的货币可以兑换，用户在这一平台里购买或者创建的东西需要无障碍转移到另一平台并且可以使用。《堡垒之夜》作为一款大逃杀游戏，却实现异端跨服以及与现实生活的交叉。

Epic Games 成功说服各主要的游戏平台允许《堡垒之夜》跨平台运作，各个版本中的规则、竞技功能和画风没有差别，手游端用户可以与 PC 端或主机端玩家一起游玩，玩家在另一个的平台登录时还可以使用其他版本中已有的皮肤或道具。《堡垒之夜》另一个亮点是让各种现实生活中的 IP 同地同时上线，进一步模糊游戏和现实的界限。正如颠覆童话的美剧《童话镇》，每一个童话故事都不是割裂的，白雪公主、阿拉丁、灰姑娘等生活在一个共同的童话镇，有相互交织的故事线。

游戏之外，《堡垒之夜》逐渐变成社交空间，实现游戏与现实生活的交叉。《堡垒之夜》是目前最接近元宇宙的系统，它已经不完全是游戏了，而越来越注重社交性，演变成一个人们使用虚拟身份进行互动的社交空间。截至 2020 年 4 月，3.5 亿注册用户的总游戏时长超过 32 亿小时，是世界上游戏时间（在线时间）最长的游戏。2019 年 2 月，棉花糖乐队（Marshmelo）举办了《堡垒之夜》第一场现场音乐会；2019 年 4 月，《复仇者联盟：终局之战》在《堡垒之夜》提供一种新的游戏模式，玩家扮演复仇者联盟，与萨诺斯（Thanos）作战；2019 年 12 月，《星球大战：天行者的崛起》在《堡垒之夜》举行了电影的"观众见面会"，导演 JJAbrams 接受了现场采访。2020 年 4 月，美国说唱歌手 Travis Scott 在全球各大服务器上演了一场名为 Asronomical 的沉浸式演唱会，有 1700 万人同时观看，并且引发了社交媒体上的疯狂传播。娱乐之外，《堡垒之夜》中的经济活动更活跃，玩家可以创建数码服装或表情出售获利，还可以创建自己的游戏或情节，邀请别人来玩。

同时，Epic Games 通过虚幻引擎、Epic 在线服务及 Epic 游戏商店为游戏开发者与创作者赋能。

（1）虚幻引擎：降低门槛，让开发者专注于内容。虚幻引擎力求让内容创作变得更为便利，虚幻引擎 5 将会从 3 个维度来做尝试：一是提升引擎的表现效果，营造出次世代应有的画面表现力；二是改善迭代效果，让制作者得以将编辑工具中做的任何改变都能轻松迭代到各种目标设备组织平台上，基本做到"所见即所得"，这也是目前引擎的一个主要优化方向；三是降低门槛，通过提供更丰富、更完善的工具来帮助小团队甚至个人去完成高品质的内容。具体来看，虚幻引擎 5 有两大核心技术——Nanite 及 Lumen，Nanite 让亿计的多边形组成的影视级美术作品可以被直接导入虚幻引擎，Lumen 则构建了一套全动态全局光照解决方案，去对场景和光照变化做出实时反应。

（2）Epic 在线服务：开放基础设施与账户体系，让游戏可以跨平台运行。2019 年，Epic Games 开始提供 Epic 在线服务，将这一套基础设施和自己的账户体系免费对外开放，允许外部开发者使用并在上面构建自己的多人在线游戏。这意味着外部开发者可以免费获得 Epic 的庞大用户，包括登录系统、好友系统、成就和排行榜；使用 Epic 在线服务可以不用考虑平台差并让游戏跨平台运行。

（3）Epic 游戏商店：服务用户，更要连接厂商与用户。2018 年底，Epic 游戏商店在 Windows 平台推出，任何公司的游戏都可以在里面销售，只收取 12%的交易费；如果游戏是使用 Unreal Engine 开发的，还可以免除 5%的引擎使用费。Epic 游戏商店通过和开发者合作，用免费赠送的形式来为他们获得更多受众，进而收获更多的反馈。对比其他平台，Epic 游戏商店背靠的是整个 Epic 生态布局，作为整个生态的一环，同样有着为整个行业构建正向循环的愿景。

2.3.5　由端/页转手，推演元宇宙时代游戏板块

科技进步往往带来媒介迭代（PC/Web-Mobile），进而引起内容形态变迁。回顾游戏行业，媒介端经历"PC-Web-Mobile"的变化，游戏作为一种内容，其形态也历经端游-页游-手游的颠覆性变迁。

　　PC-Web（媒介迭代）——端游转页游（游戏形态迭代）。媒介端的第一次迭代是从 PC 向 Web 转变。端游从 2008 年开始蓬勃发展，2011—2012 年增速开始明显下滑，到 2013 年收入规模到达峰值、同时增速也几近停滞，2015 年端游市场规模首次出现下滑。页游前承端游，后启手游，于 2007 年开始崛起，2012 年发展成熟，2012/2013/2014 年获得 47%/57%/58%的高速增长。这一阶段由于HTML、Flash 技术的普及，PC 端的浏览器相对于客户端具有门槛更低、对计算机配置要求更低、操作相对简单等优势。页游初衷为覆盖端游未能覆盖的市场，分流部分端游玩家，在发展过程中以"低成本、高盈利"的优势迅速在国内游戏市场上占得一席之地。

　　PC、Web 转 Mobile（媒介迭代）——端/页转手游（游戏形态迭代）。媒介端的第二次迭代是从 PC、Web 向 Mobile 的转移。页游于 2014—2015 年出现颓势，同比增速从 2014 年的 58%高位下滑至 2015 年的 8%，2015 年之后市场规模逐渐萎缩。手游兴起于国内移动互联网红利，智能手机大幅普及，4G 网络基础设施快速发展，助推手游自 2013 年起快速爆发。现象级、标志性手游产品频有爆出，纷纷越过千万流水量级，游戏厂商加大顺应行业发展，加大手游市场投入。手游市场规模在 2013/2014/2015/2016 年高速增长，同比增速达 247%/144%/87%/59%。这一关键阶段是基础通信技术 3G 向 4G 的转变，智能手机大幅度普及，手机取代PC 成为了人们生活娱乐的核心载体，相比页游，手游更具备便携性、门槛更低，同时受众更广，且伴随着之后 4G 网络的普及与手机数据处理能力的提升，手游也开始逐渐从轻度游戏走向中重度游戏，借此取代了页游的地位。

　　手游以超出"摩尔定律"的速度不断迭代发展，从增量市场转向存量市场仅用了约 2 年时间，市场规模迅速扩大，资本热度高度聚焦，迅速超越端游与页游，成为主流游戏类型。

　　游戏行业趋于成熟，竞争格局趋于稳定。从厂商手游收入分布来看（2020 年）：头部一梯队（300 亿以上）：腾讯及网易，腾讯手游收入 237.9 亿美元（合人民币1466 亿元），网易在线游戏服务收入 21 亿美元（合人民币 546 亿元），位列第二。二梯队（100 亿以上）：三七互娱手游收入 133 亿，世纪华通（点点互动+盛趣游戏）收入 149 亿。三梯队（100 亿以下）：米哈游、完美世界、中手游、灵犀互娱、哔哩哔哩、多益网络、游族网络、心动公司等多家中型厂商。

从市占率上看，头部前二"腾网"在 2018 年前市占率快速上升，2018 年达到峰值 76.46%后，保持相对稳定。从发行收入市场份额看，据易观千帆调研统计，按照 2020H1 国内已发行产品境内流水来计算，前五的厂商分别为腾讯、网易、三七互娱、灵犀互娱、莉莉丝。

2.3.6　元宇宙将再次驱动颠覆性变迁

目前游戏行业发展进入成熟期。一方面，人口红利（新流量）殆尽全方位影响游戏行业发展，国内市场与出海市场均陷入竞争愈发激烈的内卷状态。另一方面，游戏面临短视频、直播等新内容形态争夺用户时长，同时玩法创新陷入阶段性瓶颈、在微创新迭代与同质化陷阱之间轻微摇摆。因此，游戏行业迫切需要元宇宙及其代表的新技术、新玩法、新模式带来增量。

从玩家角度，X 世代（10 后）接棒 Z 世代（95 后），代际切换带来新型需求，游戏及互联网公司的新赛点在于对新一代用户（元宇宙原住民）需求的承接。Roblox 公布的数据显示，12 岁以下的用户数（即 X 世代）占比达到 54%，性别结构基本均衡。相比 Z 世代及之前世代，X 世代是人类历史上与生俱来与尖端科技互动，并将科学技术进步完全融入生活的第一代人。如果说 Z 世代是互联网原住民，则 X 世代将是元宇宙原住民。X 世代在 Roblox 上表现出旺盛的创造力，已经开始参与元宇宙的构建，推动元宇宙向更高阶的维度发展。

从技术角度，VR/AR、AI、区块链等众多新兴技术均缺少单独的大规模落地场景，正努力寻求突破。技术公司出于求存意志力，会迫切寻找应用场景，并不断探索相互之间各种可能的组合方式，围绕元宇宙共同目标"合作奋斗"。以 VR/AR 为例，中国信通院预测全球 VR/AR 产业规模 2024 年均达到 2400 亿元。围绕 VR/AR 的可拓展场景也会进一步打开想象空间。

2.3.7　元宇宙时代游戏板块如何挑选标的

端/页转手的第一阶段（起步）：端游/页游收入占据主导，手游低基数、高增长。端游、页游发展较为成熟，占据游戏行业主导地位。手游作为新兴游戏形态，伴随网络条件改善、智能手机普及兴起，手游千万级流水代表作如《捕鱼达人》《神仙道》《世界 OL》《我叫 MT》等涌现。游戏厂商盛大、网易、腾讯等加强手游市场投入，同时手机入口类应用商店、第三方买量渠道先后快速崛起。

映射到元宇宙时代：元宇宙及其代表的新技术、新玩法、新模式为游戏行业带来增量，元宇宙相关业务将快速兴起，现象级的元宇宙游戏产品间有爆出，厂商逐步提高重视、大力布局。

端/页转手的第二阶段（成长）：端游/页游逐步衰退，手游继续高速增长、渐成碾压之势。端游于 2011—2012 年前后增长出现频势，同比增速从 2011 年高点（+35%YoY）下滑至 2015 年增长几乎停滞（+0%YoY）；页游则于 2012—2014 年期间实现了 47%、57%、58%的高增长。页游于 2014—2015 年前后现颓势，同比增速从 2014 年的 58%高位下滑至 2015 年的 8%，随后步入负增长阶段；同期手游市场规模大幅上升，2014—2016 年间同比增速超过 50%。2014 年，手游市场规模超越页游；2016 年，手游市场规模超越端游。

映射到元宇宙时代：元宇宙游戏收入高速增长，用户体验升级后不可逆，手游用户加速向元宇宙迁移，元宇宙游戏占比逐年提升。在此阶段，顺应行业发展趋势并前瞻性布局的游戏公司将显现出高弹性，进一步提升市占率，巩固龙头地位。游戏板块预计迎来业绩与估值的双升。

端/页转手的第三阶段（成熟）：手游占据绝对主导，公司收入分化、竞争格局成型。手游取代端游、页游，成为游戏行业主导。在端转手、页转手的过程中，游戏厂商逐渐分化，部分原游戏龙头掉队，新的游戏力量持续壮大。

映射到元宇宙时代：向元宇宙的探索过程中，游戏行业的竞争格局将持续演变。部分原有公司顺应行业趋势基于资源禀赋成功实现跨越，间有新的突围者诞生并逐步壮大，元宇宙时代的秩序重新树立，龙头将享有更高的估值溢价。

Apple 被判定改变 App Store 政策与 Facebook 发布首款智能眼镜，标志着新硬件时代的到来，我们以"新硬件主义"为研究思路，即 XR 新硬件的推出将带来两个新方向：纯虚拟的 VR 方向，终极形态为元宇宙；AR 增强。这两大方向将进一步延伸硬件作为人的"器官"的功能性、体验感，我们的研究即围绕新硬件、底层架构与后端建设、内容及场景，以及新硬件下跑道的新经济模型、打通硬件之间的协作。

在 VR 这一硬件方向上，Metaverse 是一种终局概念，目前看游戏内容在先行。类似智能手机持续迭代至今而出现的现象级爆款手游《王者荣耀》《原神》，未来的

VR 爆款内容与当下的积极探索，不知能否成功的试水是时间范畴内的迭代回归。

按照端/页转手的第一阶段推演，我们首先关注设备商 Facebook、Apple、NVIDIA（硬件支持），同时关注具备资源禀赋（技术、用户）的先行内容公司，如腾讯（自研 VR 产品）、网易（自研 VR 产品）、完美世界（自研 VR 产品）、三七互娱（投资 Archiact）、宝通科技（自研元宇宙游戏）、吉比特（自研 VR 产品）、汤姆猫（自研 VR 产品）、巨人网络（自研 VR 产品）、世纪华通（自研元宇宙游戏）等；其次关注具备庞大用户基数的分发平台，如号百控殿、爱奇艺等；此外，我们也认为未来将批量化出现创造力突出的新公司。

2.3.8　NFT 为元宇宙经济系统的底层支持

NFT 为元宇宙经济系统的底层支持如图 2-8 所示。

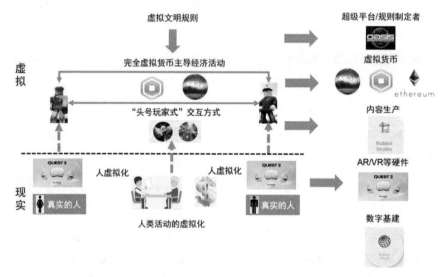

图 2-8　NFT 为元宇宙经济系统的底层支持

玩转元宇宙

元宇宙对于不同的应用情景会有不同的实现架构。元宇宙与 VR、元宇宙与数字技术、元宇宙与区块链等将会实现交叉融合。

第 3 章　元宇宙怎么运作?

3.1　元宇宙的运作机制

元宇宙的建造是一个系统工程,包含 4 类供应商:底层基础设施、记账系统和 NFT、硬件设备和应用场景开发。建造元宇宙的 3 个阶段:

第一阶段是准备期,这个阶段主要涉及元宇宙的基础设施供应商。元宇宙的基础设施主要包括通信网络、云计算和新的开放的网络协议。我们现在处于元宇宙的启动期,标志是记账系统开始成熟,NFT 标准得到市场认可并开始大规模使用。

第二阶段是启动期,这个阶段主要涉及记账系统和 NFT 交易系统。国外的 NFT 交易系统包括交易平台 OpenSea(开放海)、SuperRare(超级稀有),国内才刚起步。

第三阶段是爆发期,两类供应商在这个阶段会大有作为——硬件设备厂商和应用场景开发商。元宇宙的硬件设备包括 VR 头显、智能眼镜、电子皮肤、脑机接口等。应用场景开发商就更多了,因为现实世界中的很多场景,如娱乐、社交、工作、上学、购物等,元宇宙里也都会有,所以就需要有人在元宇宙里开店、办公司、办学校、策划演艺或体育活动等,这些都是应用场景开发商的机会。

3.2　方块构建游戏世界

接触元宇宙概念以来,我们看到风靡全球的 Roblox、Minecraft 都采用乐高式的方块搭建,市场认为这只适合低龄儿童,成年人应该更青睐如《魔兽世界》一般精美的人物模型。为什么此类沙盒、UGC 平台都采用方块定义世界?对行业有哪些启发?随着 Roblox 的上市,元宇宙这个概念开始进入人们的视野,多数人对于元宇宙的认知停留在游戏的层面，认为其是一个开放的游戏社区，拥有与现实互通的经济体系，用户可以在其中进行游戏创作。自 2020 年起，Roblox 的 DAU 和用户使用时长增长迅速。根据 Sensor Tower 2021 年 6 月的数据，App Store 端营收 Roblox 已成功登上第三位，仅次于常年稳居前二的《王者荣耀》和"吃鸡"。不同于榜上的其他游戏，Roblox 采用了体素建模的方式，即利用一个个小方块构建了游戏世界。同样颇受欢迎的 Minecraft 也采用了体素建模的方式，其开放的创作方式接近于元宇宙。

主流三维游戏以三维建模为主。大部分手游和端游是由三维三角形网格建模构建，如大受欢迎的《王者荣耀》和 *GTA5*，给到用户一种精美、逼真的视觉体验。尤其是 *GTA5* 除常用三维网格建模工具以外，还利用了无人机扫描和激光三维重建等技术来复刻洛杉矶。

在当前追求画面逼真度的主流趋势下，Roblox 和 Minecraft 却一反常态，牺牲视觉效果，坚持用方块来构建游戏世界。这种设计看起来偏低龄，且无法满足成年人的审美需要。而我们看到，部分 Minecraft 的用户已经是 95 后，但并未离开游戏，这些"方块"的乐趣何在？我们从底层游戏建模技术说起。

3.2.1　三维建模

三维建模是指使用软件来创建三维对象或形状的数学表示形式的过程，简单总结有以下几个步骤：雕刻出基本的形状；通过拓扑工具将网格覆盖在模型上；对于模型进行光影渲染、上色和其他细节刻画。创建的对象称为三维模型，这些三维模型可用于各种行业。影视、视频游戏、建筑、施工、产品开发、科学和医疗行业均在使用三维模型进行可视化、仿真和渲染图形设计。作为主流建模方式，其拥有成熟的建模工具，如 3d Max、Maya、Zbrush 等。

三维建模具备以下特点：

（1）有成熟的创作工具，可以自由地进行创作，并且通过一些高科技技术，如激光三维建模，在虚拟世界中高度复刻现实。

（2）建模成本高且不易修改。

（3）需要专业培训和一定的美术基础。

3.2.2　体素建模

体素可以被理解为像素的三维版本，是数字数据于三维空间分割上的最小单位。体素建模是指用固定大小的立方块作为最小单位来表示三维物体。

体素建模具备以下特点：

（1）单个立方体可以被赋予元素特性，如钢、木、水等。

（2）操作门槛降低且易于修改。

（3）和像素一样，人们可以通过提升体素的分辨率来实现细致的表现。

元宇宙当下才初具雏形，选择何种建模方式取决于是否能够满足人们对于元宇宙未来发展的遐想。

3.2.3　元宇宙将是三维立体

互联网从诞生至今，经历了两次重要变革。第一次是 1998 年，人们终于摆脱了对于因特网能否成功的疑虑，互联网不再是仅停留在实验阶段的一个概念。一个大时代开始，互联网倾入各行各业，到 2008 年这一阶段可以称之为 PC 互联网时代。第二次是 2008 年，伴随着智能手机的飞速发展，互联网飞速融合了无线设备并经历了服务和内容方面的发展，打败了传统的纸媒和电视，代替了电话和短信。互联网不仅自身进行了重新定义，同时改变了人类长久习惯的生活方式，这一阶段可以被称为移动互联网时代。

目前，互联网的第三次变革雏形初现，即元宇宙。元宇宙是一个由 Blockchain、Game、Network 和 Display 四大重要元素支撑的全感官、人机交互的全真互联网体系。这一阶段的互联网将会是三维立体的，人们不再是透过显示屏浏览互联网而是穿梭在互联网宇宙中。

3.2.4　体素建模能塑造元宇宙世界

元宇宙的核心不仅是要在视觉上无限接近现实，更重要的是在法则上接近真实的宇宙。这使得选择何种建模手段去实现这一特质变得很关键。真实的宇宙中，生命体和非生命体均会随着时间的推移而改变。人会慢慢变老，长出皱纹；建筑会随着时间损坏、风化。同时，物体和生物看似是一个个单独的整体，其本质是由一个个更小的单位组成的，如细胞、砖块等。

现阶段被广泛使用的三维（网格）建模难以满足元宇宙世界的需求。目前的三维建模技术虽已经能够复刻出逼真的视觉画面，但其建造的方式和过程决定了三维建模技术难以复刻真实宇宙法则。主要有以下几点原因：

（1）三维建模技术通过三角形或多边形组成的网格来模拟复杂物体的表面，再进行上色、渲染等步骤使得视觉上所建造的模型是三维立体的，但这仅仅是视觉上的假象。

（2）三维建模技术所建造的模型是一个整体，无法分割。这决定了完成的模型无法模仿真实宇宙法则随着时间推移进行细微的改变。

（3）需要昂贵的软件和专业的培训才能进行模型搭建，对于普通用户来说难以参与创作。初期，元宇宙概念主要围绕着 Game，打造一个用户可以自由创作且从中获益的游戏平台以形成游戏内容的良好创作生态。这使得简单易上手的建模方式成为必需。

体素建模的特质决定了其被用于构建元宇宙世界，方块作为最小单位搭建模型。在区块链概念中，被赋予不同属性的 FT 结合在一起（一层层嵌套），组成了NFT。这样的方式模拟了上文中所提到的不同的物体或生物看似是一个个独立整体，本质确是由许多同质化的元素组成的。例如，建筑物均是由砖头、木头、钢铁、玻璃等元素建造成功的，不同的排列组合构建出了不同的建筑。同理，生物均是由细胞组成的，细菌等绝大部分微生物以及原生动物为单细胞生物，高等植物与高等动物则是多细胞生物。

此前在区块链世界中，人们认识到 FT 与股票类似的交易属性，而 NFT 则更多与现实数字资产相结合，毕竟音乐版权、艺术品等都有个体差异。但在元宇宙中，两者将构成对立统一的主体，从而更逼真地映射现实世界。体素建模中，相同属性的方块可以被看作 FT，不同数量、属性的 FT 经过不同排列方式组成 NFT，且可以再互相嵌套生成全新的 NFT。这一特性使得体素建模能够模拟出一些真实的宇宙法则。体素建模构建法则模拟真实世界如图 3-1 所示。

（1）体素建模构建的世界以方块为最小单位，意味着每一个方块可以单独改变。在元宇宙世界里，随着时间、突发事件等，物体会作出相对应的改变，体素建模构建的模型可以模拟真实的摧毁和损坏，如图 3-2 所示。

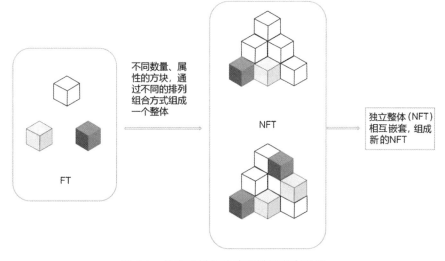

图 3-1　体素建模构建法则模拟真实世界

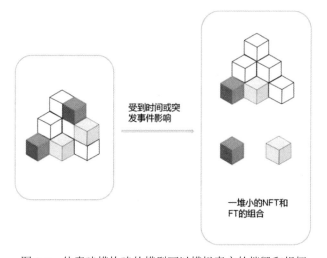

图 3-2　体素建模构建的模型可以模拟真实的摧毁和损坏

三维建模构建的模型是一个整体，摧毁一个物体只是代码上的一个删除，被摧毁的物体将不留痕迹地消失。即使我们能够看到摧毁的过程也只是计算机代码制作出的假象。而体素建模的模型被摧毁或损坏后，切实存在一个 NFT 被打碎成一堆 FT 或小的 NFT。

（2）每一个方块可以被赋予不同的属性并表现出这一属性特有的硬度、弹性等，且可被标记。

这种方式可以实现不同模型的不同特性。例如：木头属性方块构建的物体可以轻易被钢属性构建的工具损坏，而三维建模构建的物体属性上是一致的。除此之外，在塑造人物形象时，可以通过这一特点从内而外表达出人物形象的特点（类似现实生活中的 DNA）。

通过提升方块的分辨率可以实现更逼真立体的视觉效果。目前，我们能看到的大多数体素建模游戏的画质都比较粗糙，但在视觉效果方面其实有较大的空间，没有普及的主要原因是对于存储、算力等基础建设要求严格。

体素就是三维版本的像素，可以通过提升体素数据的分辨率，如从每立方米一个体素提升至每立方厘米一个体素来增强画面的精致度。分辨率的提升意味着表达同一个模型所需的方块数量几何倍增长，对于存储空间要求很高，且在加载的过程中对于计算机的硬件要求高。

除提升分辨率以外，光线追踪等技术的渲染可以带来近乎真实的电影级图形和光影物理效果。光线追踪是指通过追踪光线与物体表面发生的交互作用，得到光线经过路径的模型。实时光线追踪渲染对于 GPU 的要求极高。

体素建模构建的世界是真实三维立体的。不同于三维建模仅是在视觉上做出三维立体的感受，体素建模所搭建的世界是真实三维立体的。方块堆叠的搭建方式和真实世界中一砖一瓦的搭建类似。这使得用户可以真实穿梭在元宇宙世界中。这一特质使用户能够在元宇宙世界中"搬砖"创造物体。

3.3 算力重构，通向 Metaverse 的阶梯

3.3.1 算力——元宇宙最重要的基础设施

我们在上一节中提出 BAND（Blockchain，Game，Network，Display）的概念，而云游戏、边缘算力是面向中心化、去中心化架构时重要的基础设施，或将催生新的硬件需求，本节我们单独讨论算力问题。

算力可以理解为数据处理能力，2018 年诺贝尔经济学奖获得者 William D.Nordhaus 在《计算过程》一文中对算力进行定义："算力是设备根据内部状态的改变，每秒可处理的信息数据量。"

　　算力是构建元宇宙最重要的基础设施。构成元宇宙的虚拟内容、区块链网络、AI 技术都离不开算力的支撑。元宇宙并不是网络游戏，但与游戏类似的是，元宇宙是一个承载活动的虚拟世界。相较于游戏所看重的娱乐性，元宇宙的重点更在于这个虚拟时空的体验，和人们在其中的社交与活动。元宇宙也需要图形显示、成熟的显示技术作为支撑。

　　虚拟世界的图形显示离不开算力的支持。计算机绘图是将模型数据按照相应流程渲染到整个画面里面的每一个像素，因此所需的计算量巨大。现在用户设备里显示出来的 3D 的画面，其实是通过多边形组合出来的。无论是玩家的各种游戏里面的模型，还是精细的 3D 模型，大部分都是通过多边形建模（Polygon Modeling）创建出来的。实际上这些人物在画面里面的移动、动作，乃至根据光线发生的变化，都是通过计算机根据图形学的各种计算，实时渲染出来的。这个渲染过程需要经过顶点处理、图元处理、栅格化、片段处理以及像素操作这 5 个步骤：

　　（1）顶点处理：将三维空间的模型以顶点为主，转换到显示器的二维空间。建模越精细，需要转换的顶点数量就越多，计算量就越大。

　　（2）图元处理：要把顶点处理完成之后的各个顶点连起来，变成多边形。其实转化后的顶点，仍然是在一个三维空间里，只是第三维的 Z 轴是正对屏幕的"深度"。

　　（3）栅格化处理：把多边形转换成屏幕里的一个个像素点。

　　（4）片段处理：计算出每一个像素的颜色、透明度等信息后，给像素点上色。

　　（5）像素操作：把不同的多边形的像素点"混合（Blending）"到一起，调整像素信息以达到显示效果。

　　算力支撑着元宇宙虚拟内容的创作与体验，更加真实的建模与交互需要更强的算力作为前提。游戏创作与显卡发展的飞轮效应，为元宇宙构成了软硬件基础。游戏产业每一次重大的飞跃，都源于计算能力和视频处理技术的更新与进步。游戏 3A 大作往往以高质量的画面作为核心卖点，充分利用甚至压榨显卡的性能，形成"显卡危机"的游戏高质量画面。游戏消费者在追求高画质高体验的同时，也会追求强算力的设备，从而形成游戏与显卡发展的飞轮效应，这在极品飞车等大作中已有出现。

　　以算力为支撑的 AI 技术能够辅助用户创作，生成更加丰富真实的内容。构建元宇宙最大的挑战之一是如何创建足够的高质量内容，专业创作的成本高得惊人，3A 大作往往需要几百人的团队数年的投入，而 UGC 平台也会面临质量难以保证的困难。为此，内容创作的下一个重大发展方向将是 AI 辅助人类创作。虽然目前只有少数人可以成为创作者，但这种 AI 补充模型将使内容创作完全民主化。在 AI 工具的帮助下，每个人都可以成为创作者，这些工具可以将高级指令转换为生产结果，完成众所周知的编码、绘图、动画等繁重工作。除创作阶段外，在元宇宙内部也会有 NPC 参与社交活动。这些 NPC 会有自己的沟通决策能力，从而进一步丰富数字世界。

依靠算力的 PoW（Proof of Work，工作量证明）是目前区块链使用最广泛的共识机制，去中心化的价值网络需要算力保障。PoW 机制是工作量证明机制，即记账权争夺（也是通证经济激励的争夺）是通过算力付出的竞争来决定胜负准则，从经济角度看，这也是浪费最小的情况。为了维护网络的可信与安全，需要监管和惩戒作恶节点、防止 51% 攻击等，这些都是在 PoW 共识机制的约束下进行的。

元宇宙将推动算力发展：第一，由虚拟世界驱动的算力需求爆发增长；第二，算力分布的结构性升级。当前的算力架构已无法满足元宇宙对于低门槛高体验的需求，而运算与交互设备的分离已成为趋势。云游戏将使一个低门槛、随处可达的虚拟世界成为可能。

3.3.2　云游戏，算力重构打造元宇宙入口

传统游戏以终端算力支持为主，基于云计算的云游戏处于发展初期。主机游戏在网络通信不稳定，网速不足的历史环境下为玩家带来了稳定的游戏体验。而随着网络数据传输不再成为数据传输中的薄弱项时，云游戏的缺点减弱，主机游戏的缺点开始显露。传统游戏的局限性如表 3-1 所示。

表 3-1　传统游戏的局限性

局限性	具体内容
硬件限制	高质量的游戏往往需要高门槛的设备
开发成本高	游戏开发需要适应不同的终端平台
场景限制	玩家往往只能在家中或者网吧等地点进行游戏
用户规模限制	大型游戏的用户主要是能有长时间深度游戏的玩家，无法利用碎片化时间

终端游戏运算限制了用户体验，低门槛与高质量无法两全。一直以来游戏都被称为"硬件杀手"，游戏引擎技术的发展要快于用户硬件设备的更新换代速度，很多时候用户在用不算很旧的手机或者 PC 玩最新的游戏时，会遭遇频繁的卡顿，导致游戏体验非常糟糕。设备门槛与游戏画面质量的取舍是传统游戏的痛点，也是网络游戏向元宇宙发展的一大阻碍。

云游戏是以云计算为基础的游戏方式。游戏在服务器端运行，并将渲染完毕的游戏画面压缩后通过网络传送给用户，用户所使用的设备终端，只需具有基本的视频解码能力和网络连接功能即可体验云游戏，云游戏和用户数据存储在服务器上，可以实现多端存档和数据共享，本地终端无需下载、安装游戏和存储用户数据，云游戏脱离终端限制，可以跨终端，实现了在云端服务器运行游戏[21-23]。

云游戏通过将计算与显示分离，降低了设备门槛。云游戏通过将游戏运算过程转移到云端服务器，使得游戏不再依赖游戏终端的硬件能力，玩家再也无须通过堆硬件的方式体验最新的游戏。云游戏平台通过大规模的服务器集群，硬件能力非常强大，几乎可以看成是无限的。通过连接云游戏平台，用户使用手机、平板等移动设备也能体验最新的主机级大型游戏，为整个游戏行业注入了新的生命力。云游戏主流构架如图 3-3 所示。

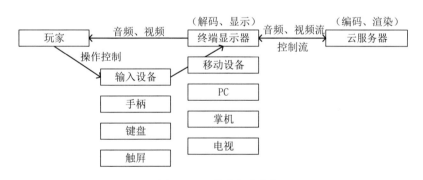

图 3-3 云游戏主流构架

云游戏的可移植性，打破了平台的限制，PC、主机游戏均可在移动平台上进行畅玩；多平台性起到了一定的导流作用；降低了未来游戏的开发成本。从开发者角度来看，运营平台统一，不同机型的适配降低；在脱离设备限制前提下，也能够集合统一终端设备，降低开发成本。

云游戏进入加速落地阶段。我们对云游戏的发展进行了粗略的预测划分：第一阶段，需要把云游戏平台搭建好，并把已经开发好的游戏搬到云游戏平台上；第二阶段，在市场接受云游戏后，开发者基于云游戏的优势，开发扩展游戏玩法类型，催生出新的游戏形态；第三阶段，云游戏成为最主流的游戏模式，用户通过 VR 游戏设备获取类似《头号玩家》的虚拟沉浸式游戏体验[24-25]。

云游戏技术要求高，经过数年发展已趋于成熟。云游戏主要有 5 个核心技术：GPU 服务器、虚拟化、音视频技术、实时网络传输、边缘计算。目前，各核心技术均已趋于成熟，云游戏的落地未来可期。云游戏的核心技术如图 3-4 所示。

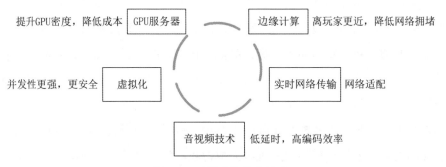

图 3-4　云游戏的核心技术

首先是 GPU 服务器，AI、大数据的发展推动了高密度 GPU 服务器的发展。虚拟化技术包含了虚拟机、容器等隔离技术，近年来得到了长足的发展。伴随短视频、直播业务的发展，编解码的效率提升，硬件编解码的市场普及度扩大，音视频技术趋于成熟。随着 5G 落地，网络将更加优质高效，能够支持云游戏的要求。最后，边缘节点的建设也已经比较成熟，能够更好的降低网络拥堵[26-28]。

云游戏的参与者主要如下：

（1）传统硬件厂商。硬件厂商产品周期受游戏的影响，为了避免云游戏时代用户硬件更新的需求下降，部分硬件厂商选择主动布局云游戏产业，如 NVIDIA 推出了 GeForce Now 云游戏平台。

（2）主机游戏厂商。主机游戏厂商先天优势明显，多年来积累了大量核心用户及丰富的游戏内容资源，是云游戏时代最具优势的参与者。Microsoft 拥有 Project xCloud 云游戏项目，索尼则拥有 Play Station Now 为用户提供云游戏服务。

（3）游戏内容制作方。云游戏有望帮助游戏内容制作方摆脱硬件设备的制约，带来全新的想象空间。EA 公司推出名了 **Project Atlas** 的云游戏平台，育碧推出了《刺客信条：奥德赛》云版，探索云游戏时代的产品类型。

（4）互联网公司。互联网公司拥有巨大的流量入口，云游戏能够打破硬件限制，提升内容价值。代表公司有 Google 和腾讯[29-31]。

但云游戏的体验中依然存在重大问题：

（1）网络稳定性：丢包对游戏体验的影响极大。在使用视频会议时，1%的丢包率是可以接受的。但是，根据 *Gaming in the clouds:QoE and the users'perspective* 中包含的测试和结论，当丢包率等于或大于 0.3%时，云游戏用户的体验感迅速降低。数据包丢失对下行链路的影响将导致串流视频严重碎片化，对上行链路的影响是操作丢失。目前，大多数云游戏提供商建议至少 10～15Mbit/s 的下行链路速度，以获得 720P 分辨率和 60FPS 的立体声。这种网速要求和显示质量对手机游戏来说已经足够了，但对于想要在高清屏幕或者 VR 设备上享受终极沉浸式体验的游戏爱好者来说还远远不够[32-35]。

（2）游戏延迟：云游戏的延迟不可避免。在云游戏中，玩家的每个输入都必须返回上游到游戏引擎，计算云中的游戏图形变化，将其编码为视频，然后将其发送回游戏玩家。这个过程被称为交互延迟，而正常情况下对于每个玩家的操作反馈应该是即时和连续的。根据诺基亚的测算，所需的标准延迟配置文件往返大约为100ms，其中网络传输不应超过 30ms。然而，对于沉浸感强的游戏，比如 FPS、VR游戏，这种延时会非常影响体验。云游戏的延迟与相应的模式如表 3-2 所示。

表 3-2　云游戏的延迟与相应的模式

延迟/ms	所能支撑的场景
180	可接受的视频交互
160	可接受的云游戏体验
150	目前绝大部分云游戏在良好条件下的延迟
90	60FPS 的高帧率游戏
80	高画面质量的游戏
40	高画面质量、高帧率且即时同步的游戏
30	高画面质量、高帧率且即时同步游戏的最佳延迟
20	低延迟的 VR 交互

诺基亚对云游戏延迟的细分如下：

1）用户交互：用户命令必须在约 15ms 内通过互联网到达云游戏服务器游戏服务器处理；服务器将需要大约 45ms 来处理输入和所需的输出（包括渲染和编码视频帧）。

2）视频流：流量将再次需要约 15ms 才能到达云游戏设备。

3）解码和渲染：云游戏设备将需要另外约 15ms 的时间进行解码和渲染。

沉浸感强的交互方式，如第一人称、VR 交互，对云游戏延迟的要求更高。低延迟对于多人游戏至关重要，并且经常被游戏玩家引用为云游戏的主要阻力点。我们估计智能手机游戏的理想运动到光子延迟为 70ms，或者大约 30FPS 的两个完整帧、60FPS 的四个完整帧。对于 VR 等未来的头戴式显示解决方案，头部跟踪提出了特别苛刻的要求，延迟可能会导致超过 20ms 的晕动病。

而 5G、边缘计算和芯片架构的发展，将能够减少延迟、提高游戏体验，为云游戏发展扫清障碍。边缘计算和 5G 连接通过将高计算处理能力放置在更靠近用户和设备的位置，同时提供支持高质量、多玩家游戏体验所需的带宽，从而帮助满足低延迟、高带宽的要求。

5G 提速为云游戏发展带来关键性机遇。2019 年是中国 5G 商用元年，2020年 5G 建设进程大幅提升，仅中国全年新建开通 5G 基站超 60 万个。5G 时代网络主打超高速、低延迟、海量连接、泛在网、低功耗，能在节省能源、降低成本的同时提高系统容量和大规模设备连接能力。5G 的三大特性，能够支持各种应用创新，诸如云游戏，可通过 5G 传输，在云端完成渲染，以超低时延帮助用户获得媲美本地主机的渲染质量[36-39]。

边缘计算是一种分布式运算的架构，其将应用程序、数据资料与服务的运算由网络中心节点移往网络逻辑上的边缘节点来处理。由于边缘节点（如智能设备、手机、网关等）离用户或数据源头更近，因此数据的传输和处理速度可以有效提升，减少延迟。

将图形运算能力放在更接近需要的地方可以给玩家更好的体验。边缘计算可以为所有设备提供高质量的交互式游戏体验，从而增加游戏玩家的体验感。根据聚光灯网的调查结果，游戏玩家认为画面表现是云游戏体验最关键的方面，这意味着游戏玩家对其游戏质量有很高的要求。通过创造统一的体验，游戏玩家将把云游戏视为一种可靠的选择。边缘云计算+游戏如图 3-5 所示[40-43]。

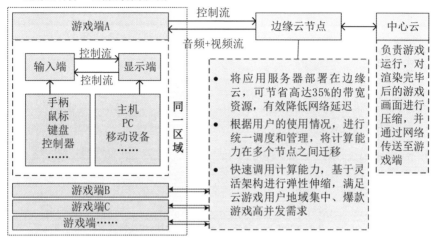

图 3-5　边缘云计算+游戏

传统算力中心的架构无法适应日益增长的算力需求。可预见的未来，网络和存储的带宽还会持续增加，暂时看不到停顿的迹象。而与此同时，CPU 的性能却陷入了停滞。这样以 CPU 计算为中心的架构越来越无法满足计算性能的要求。

DPU 的发展为算力中心降本增效，优化云游戏体验。DPU，全称是 Data Processing Unit，是继承 CPU、GPU 之后，数据中心场景中的第三颗重要的算力芯片，为高带宽、低延迟、数据密集的计算场景提供计算引擎。如果把一台计算机或服务器比作一个团队，CPU 相当于这个团队的"大管家"，负责思考并处理各种业务；GPU 是"美工"，专攻图像处理；DPU 则相当于"前台"，负责打包、拆包"数据包"，提升整个团队的工作效率。DPU 的运用可以降低算力中心成本，提高运算效率，提高云游戏体验的同时降低成本[44-45]。

3.3.3　中心化 or 去中心化

在区块链技术的加持下，去中心化的云游戏模式可能产生新的硬件机会。云游戏所推动的算力重构是计算与交互终端分离，并且在物理层面接近终端。边缘算力中心的部署位置将会产生完全不同的商业模式，去中心化的私有云游戏目前已有雏形。我们预计，游戏、家用 AI 的共同需求可能在硬件端实现统一，与区块链经济的结合可能产生新的硬件机会，诞生类似于"元宇宙矿机"的全新硬件设备。算力重构总览如图 3-6 所示。

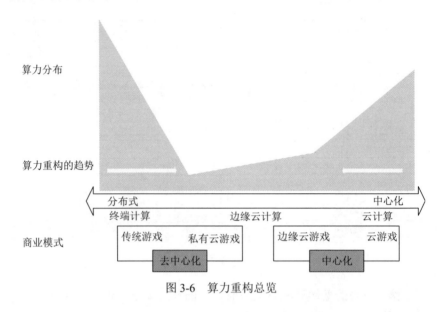

图 3-6   算力重构总览

私有云游戏是指通过局域网内的算力运算，并将图像传输至终端。游戏库位于用户本地，用户本地的高性能算力设备充当数据中心进行内容分发，以用户自有的 Wi-Fi 和运营商 5G 网络为传输介质，第一方或者第三方软件为终端实现的游戏串流体验。

私有云游戏在降低终端门槛的同时，不改变现有游戏的商业模式，但传统的主机玩家和 PC 玩家未必乐见此景。因为并不是所有玩家都愿意为"随时随地玩游戏"再多花一份租金。目前已经出现了一些局域网游戏串流平台，让家中的 Wi-Fi 路由器与主机或 PC 连接，在家中实现免费的游戏串流体验，再通过移动网络在室外实现免费的云游戏体验。私有云游戏在把终端与计算分离的同时，不改变现有的游戏商业模式，玩家依旧拥有游戏而不用付出额外的费用。Wi-Fi6 保障了局域网游戏串流的体验。

Wi-Fi6 是 IEEE 802.11ax 标准的简称和新的标准名称，相比 Wi-Fi5 或者说 802.11ac，密集用户环境下实际吞吐量提升 4 倍，标称传输速率提升 37%，延迟下降 75%，在更拥挤的无线网络环境下，Wi-Fi6 相比 Wi-Fi5 会更加游刃有余。一方面，新加入的 MU-MIMO 技术能够在多设备前提下营造更稳定的网络环境；另一方面，更高的频宽带来的低延迟能让竞技性游戏实现串流游玩变得更加现实。

　　经过我们的实际体验（基于 Steamlink 平台），在 Wi-Fi6 的加持下，局域网的大型游戏串流的稳定性和操作反馈延时远胜于公有云游戏，体感已和主机游戏差别不大。

　　将算力置于 C 端能更有效地延续设备与内容的飞轮效应。从芯片的发展可以看到，客户端的图形处理能力在以更快的速度提高。尽管网速、可靠性和带宽都在提高，但客户端（移动端、PC、Console）处理能力正在以更快的速度提高。因此，将实时处理放在延迟墙靠近客户端的一侧能够延续游戏主机与游戏内容的飞轮效应，更有可能获得全面的成功。

　　游戏、家用 AI 的共同需求可能在硬件端实现统一，与区块链经济的结合可能产生新的硬件机会，诞生类似于 "元宇宙矿机" 的全新硬件设备。这种多功能的算力中心已经出现了相应的趋势，如电动汽车中控屏幕玩大型游戏，就是 AIoT 和游戏功能硬件统一的结果。

3.4　以太坊 Layer2：元宇宙创新的基石

　　市场普遍担心区块链的并发性、可拓展性会成为限制其上应用落地的瓶颈，尤其对于公链生态而言，尚不能支持大规模、高复杂性应用。以以太坊为例，作为全球最大规模的公链生态，一直在讨论如何升级、扩容，而对主网的改动难度较大，Layer2（二层网络）成为可行方案，也是下一阶段其上的元宇宙生态能否繁荣的基础。

　　经过几年的发展，Layer2 从理论雏形进入到应用落地阶段。本节从几种主流方案出发，以发展潜力最大的 Optimistic Rollups Rollups 和 Zero-Knowledge Rollups 等几个典型的以太坊二层网络解决方案为案例，对 Layer2 行业发展进行深入剖析。Layer2 对 Dapp（去中心化应用）的发展推动效果是明显的。就 DEX（去中心化交易）来说，由于效能较低的主链限制，促进了 AMM（自动化做市）的崛起，但对于交易用户来说（尤其是量化、期货合约用户），订单簿撮合模式显然是最为方便的。Layer2 显然是实现链上订单簿型交易所的最佳方案，这方面典型的案例是 dYdX，其订单簿撮合效率与 CEX（中心化交易所）几乎无异，且用户在链上完成注册，整个交易过程透明可信[46-49]。

最后，我们对 Layer2 潜在的风险与发展方向做了简单探讨。Layer2 难以达到主网的安全程度，也存在不同于主网的安全风险。同时，其上衍生的各类大规模应用也逐步进入监管的视野。

3.4.1　以太坊 Layer2 介绍

以以太坊网络为例，数以千计的 Dapp 运行其上，而底层的一致共识区块链网络则出现了较为严重的拥堵现象，为分担底层网络的负担，Layer2 想在二层网络上解决各类应用的运行速度和扩展性等问题。本节以以太坊 Layer2 为例进行梳理。

以太坊 Layer2 是一类拓展以太坊区块链性能的方案，其基本思路是通过在"主链外"的 Layer2 上进行计算、交易等业务处理，以获得较快速的响应、高扩展性和低费用，并将最终的状态变更结果反馈到"主链上"，从而减少"主链上"的负担，实现区块链网络的可拓展性。

对于任意一条区块链网络，都存在着安全性、可拓展性和去中心化的"不可能三角"问题。以太坊 Layer2 则可视为针对这一问题的"中间解"，即在牺牲部分安全性的条件下，保留去中心化性质，极大地增强区块链网络可拓展性的方案。而 Layer2 上面的数据结果会反馈到主链上获得共识。

随着以太坊用户的激增和无数 Dapp 的兴起，以太坊的性能不足问题愈发明显。由于以太坊区块容量和每个区块 Gas 上限的限制，其 TPS 仅能达到 15 左右，这就导致了交易确认时间过长、高峰时网络拥堵严重和网络手续费居高不下等问题，进而阻碍了低净值用户的进入、小额高频交易和许多长尾项目的发展。而在以太坊 2.0 遥遥无期的情况下，以太坊 Layer2 是当下以太坊扩容的最佳方案。

例如，根据 gasnow 网站的统计，在 2021 年上半年，以太坊 GasPrice 几乎一直保持在 100 以上，个别时段达到了 200 以上，最高峰时甚至接近 400。这些数据意味着在以太坊网络上进行一笔基础的兑换操作时，需要花费价值约 140 美元的网络手续费，这一数字对于一些小额高频交易者和低净值用户来说是难以负担的。而以太坊 Layer2 通过将交易的具体运算放在"链下"完成后再将最终结果传回"链上"，可以大大降低所消耗的网络手续费，从而降低了用户的使用成本。

3.4.2　以太坊 Layer2 的技术原理

主流的以太坊 Layer2 方案按技术原理可分为 Plasma、Rollups 和 Sidechains，它们在实现逻辑、安全性、可拓展性和去中心化程度等方面各有优劣。各 Layer2 方案的特点如表 3-3 所示。

表 3-3　各 Layer2 方案的特点

特点	Plasma	Optimistic Rollups	ZK-Rollups	Sidechains
实现逻辑	不在主链保存原始交易数据、专门的验证节点和"欺诈证明"	在主链保存原始交易数据、专门的验证节点和"欺诈证明"	在主链保存原始交易数据、专门的验证节点和"有效证明"	与主链相互独立、自行负责安全性和共识实现过程
安全性	低	中	中	低
可拓展性	高	中	中	高
去中心化程度	低	中	中	低

（1）Plasma：是以太坊对比特币闪电网络的模仿，它最早由以太坊核心开发者 Vitalik 和比特币闪电网络开发者 Joseph Poon 在他们的论文 *Plasma:Scalabe Autonomous Smart Contracts* 中提出。Plasma 的实现逻辑是，将交易的具体计算和储存转移到子链上，仅将最终的状态变更结果记录在主链上。如果用户对提交上链的结果存在异议，可以在规定的"挑战期"内提供"欺诈证明"，一旦"欺诈证明"被主链节点验证有效，正确的结果将会覆盖错误的，挑战者也可获得原验证节点的部分押金。

理论上来说，Plasma 可以达到无限的拓展空间，但在实践中，其安全性存在较大风险。由于交易的具体内容保存在链下，除个别验证节点外，其他节点无法获得原始的交易数据，倘若所有的验证节点同时怠机，用户在子链上的资金将无法取回。受限于此，Plasma 方案在以太坊 Layer2 中的应用不如其他方案。

（2）Rollups：即汇总交易，是以太坊 Layer2 的主要发展方向之一。相较于 Plasma，Rollups 在可拓展性方面略逊一筹，但在安全性方面有了极大地提升。Rollups 的改进之处在于将原始的交易数据也记录在主链上，使得任何节点都可根据交易数据成为新的验证节点。如此一来，用户不再依赖于特定的验证节点，哪怕原始的验证节点怠机，用户也可正常提取资金。

Rollups 可进一步被细分为 Optimistic Rollups 和 ZK-Rollups。

1）Optimistic Rollups：即乐观汇总交易，依靠验证节点和挑战者间的博弈保障资金安全。验证节点将交易数据和最终状态变更结果打包上链后，会进入一个"挑战期"，期间资金将被锁定，无法转移。如果其他节点发现验证节点提交的结果和交易记录有出入，即可提交"欺诈证明"，使得正确的状态变更结果将错误的覆盖，并获得原验证节点的押金。在"欺诈证明"被证实前，其他节点默认原验证节点提交的状态变更结果是正确的，所以这类 Rollups 被称为乐观汇总交易。

OptimisticRollups 的优点在于开发门槛较低，可以兼容较复杂的智能合约。例如，由 Offchain Labs 团队开发的 Arbitrum One，已经兼容了许多以太坊主网上的热门 DeFi（去中心化金融）项目，包括 Balancer，Curve，Uniswap 和 Sushiswap 等。其的缺点在于可能发生的安全风险和漫长的"挑战期"。OptimisticRollups 的安全性依赖于挑战者和验证节点间的博弈，实际上是由验证节点的押金而非代码担保的。在博弈过程中，有可能会受到"审查攻击"，即验证节点串通矿工不打包挑战者的"欺诈证明"，一旦"挑战期"结束，错误的结果将无法回滚，用户的资金就有被盗的风险。为保障潜在的挑战者有充足的时间监督验证节点，"挑战期"一般被设置为 7~14d，这一漫长的过程对于追求资本效率的用户来说是无法容忍的。

2）ZK-Rollups（Zero Knowledge Rollups）：即零知识汇总交易，依靠密码学原理保障资金安全。ZK-Rollups 选取的是"有效证明"的思路，其实现逻辑是，验证节点会将一个"零知识证明"一同打包上链，其他节点只需要运算该证明即可认定验证节点提交的状态变更结果是正确无误的。这样做的好处是，运算"零知识证明"要比直接运算每笔交易简单、快捷得多，而且其正确性是由密码学原理保证的，而非验证节点的押金所担保的。

（3）Sidechains（侧链）：是兼容以太坊虚拟机、与以太坊网络并行运行的独立区块链。侧链不是以太坊网络的子链或直接的 Layer2，为了提升交易吞吐量并加快交易确认速度，它们所采用的共识模型一般也与以太坊不同。例如，BSC（Binance Smart Chain）和 Polygon（Matic）网络，它们采用的都是权益证明（Proof of Stake，PoS）共识机制，而非工作量证明（Proof of Work，PoW）。尽管侧链在可拓展性和效率上有了显著提升，但其安全性和去中心化程度都要弱于以太坊网络。

3.4.3　以太坊 Layer2 各方案的发展状况

闪电网络是比特币的 Layer2，其原理是在比特币钱包地址间构建点对点的支付通道，再由支付通道共享节点来搭建支付网络。与 Plasma 类似，Layer2 中的交易不会被记录在主链上，只有提取资金时才将余额变更结果上传至主链。同样地，提取闪电网络中的资金需要等待一段时间的挑战期，如果期间支付通道的另一方提出异议并提供"欺诈证明"，则可获得另一方的保证金并覆盖错误的余额变更结果。

闪电网络的发展状况要比以太坊 Plasma 好得多，无论是在用户数量还是应用场景方面。截至 2021 年 10 月，闪电网络拥有 15566 个节点和 73076 条支付通道。萨尔瓦多在正式支持比特币作为该国的法定货币后，也推荐其国民使用闪电网络进行日常支付或转账。根据闪电网络钱包服务商 Chivo Wallet 显示的数据，累计有超过 220 万的萨尔瓦多公民使用过闪电网络钱包，而这一数字已经超过了萨尔瓦多任何一家银行的用户量。除此之外，著名社交平台 Twitter 也在 2021 年 9 月 23 日宣布支持用户通过闪电网络向博主支付比特币小费。这一举动无疑也可为闪电网络带来更多的用户和交易。

Plasma 可以视作以太坊开发者对比特币闪电网络的借鉴，但这一模式并不适合以太坊网络，所以其发展几乎停滞。以太坊网络与比特币网络并不完全相同，以太坊是一个虚拟机，其地址的账户状态可被任意节点调用，Plasma 中的每笔交易都会影响整个 Layer2 的账户状态。在闪电网络中，用户仅需要盯住与自己共同构建支付通道的节点没有提交虚假的余额变更结果即可保证安全。

Sidechains（侧链）遇到了增长瓶颈。Sidechains 由于开发的便利性优势，最先承接了以太坊的溢出价值。以太坊网络的拥挤和 Rollups 方案缓慢的研发进度为侧链的爆发创造了条件。2020 年 6 月，随着 Compound 开启"流动性挖矿"和"借贷挖矿"，所谓的"DeFi 之夏"掀开了序幕，越来越多的项目、用户和资金涌向了以太坊；与此同时，以太坊主网交易确认速度慢、网络手续费过高和交易吞吐量不足的缺点愈发暴露明显。侧链的开发者们果断地抓住了这次机会，推出了兼容以太坊虚拟机的区块链网络，移植了以太坊上热门 Dapp 的智能合约，配合各种营销策略，迅速吸引到了许多以太坊溢出的用户、资金和项目。

最具代表性的侧链包括 BSC（Binance Smart Chain）和 Polygon（Matic）网络。

BSC 是由币安交易所资助开发的，采用了权益证明共识机制的智能区块链，也是最早上线的以太坊侧链之一。相较于以太坊，BSC 以牺牲去中心化程度为代价，换取了更快的交易确认速度、更大的交易吞吐量和更低的网络手续费；同时，有着全世界现货交易量最大的中心化交易所币安的隐性背书，BSC 在获得用户流量的同时也打消了用户的安全顾虑。于是，自 2021 年 2 月以来，BSC 上的用户量、总锁仓价值和项目量都实现了快速增长，一跃成为总锁仓价值仅次于以太坊的智能区块链，并远远甩开了其他以太坊侧链竞争者。

Polygon 是一种生态系统，可用于创建与以太坊兼容的区块链网络和拓展解决方案，其主网正式上线于 2021 年 5 月。相较于 BSC，Polygon 主网的交易确认速度和手续费低廉程度有过之而无不及，也吸引到了不少的用户和项目，其总锁仓价值在所有以太坊侧链中仅次于 BSC。

Sidechains 的价值捕获能力目前已遇到了增长瓶颈。以 BSC 为例，将其总锁仓价值走势与以太坊对比可以发现，在 "5·19" 去杠杆之前，BSC 跟随以太坊一路上涨，甚至在一些时段增速更快；而在 "5·19" 之后，当以太坊总锁仓价值突破前高时，BSC 却几乎停滞，并没有表现出曾经的强势。而 Polygon 尽管其总锁仓价值在 "5·19" 之后不但没有回落还实现了增长，但由于其绝对体量较小，即使将它与 BSC 相加，所有以太坊侧链的总锁仓价值距离历史高点仍有不小距离。

侧链遇上增长瓶颈的原因：短时间涌现出其他性能更强、费用更低的非以太坊侧链区块链网络分流；在去中心化、安全和技术方面更先进的 Rollups Layer2 网络分流。首先，不同于工作量证明共识机制，权益证明共识机制不具备算力这一客观参考指标来衡量其网络的抗冲击能力，哪怕一些侧链有着中心化机构的背书，它们能够凝聚的共识和承载的价值都是有限的。其次，非以太坊侧链区块链网络的异军突起也分流了不少侧链的用户。例如，Solana 和 Terra 的总锁仓价值在 2021 年 9 月和 10 月都曾突破 100 亿美元。最后，被部分用户誉为 Real Layer2 的 Rollups Layer2 网络陆续上线，使得侧链的发展空间进一步被压缩。

Rollups 或将超越 Sidechains，成为被普遍接受的 Layer2 方案。相对于 Sidechains，Rollups 是更安全、更去中心化的解决方案。过去一段时间，受限于 Rollups 方案在技术上尚未成熟，以太坊生态的溢出价值被 Sidechains 所捕获；最近，随着基于 Rollups 原理的 Layer2 主网正式上线，用户、资金和项目已展现回流趋势。例如，自从基于 Optimistic Rollups 技术的以太坊 Layer2 主网 Arbitrum One 在 2021 年 9 月 1 日正式上线以来，其用户数量和总锁仓价值都实现了飞速增长。不仅如此，以太坊主网上的许多头部项目也已在 Arbitrum One 上线，如 1INCH、Uniswap、Sushiswap、Curve 和 Balancer 等，使得其生态日趋完整。

总体而言，Arbitrum One 的总锁仓价值和用户量保持了增长的趋势。在 9 月 12 日，两项数据都实现了暴涨，随后几天尽管总锁仓价值突破 25 亿美元后又回落到 15 亿美元，但后续仍保持了稳步增长的势头，逐步稳定在 20 亿美元以上；用户量的增速虽然有所下降，但整体趋势仍是向上的，并且突破了 20 万大关。

3.4.4　以太坊 Layer2 的代表项目

基于 Optimistic Rollups 的代表项目。Arbitrum 是一款由 Offchain Labs 团队开发的、基于 Optimistic Rollups 技术的以太坊 Layer2 项目，也是所有 Rollups Layer2 项目中发展最好的，其用户量、项目数量和总锁仓价值均是第一。根据 DeFiLlama 的统计数据，Arbitrum 上总锁仓价值排名前十的项目中，Sushiswap、Anyswap、Curve 和 Abracadabra 的锁仓量均达到了 3 亿美元。

以总锁仓价值最高的 Sushiswap 为例，WETH/MIM（以太坊与稳定币）交易对资金池的深度已达 2.2 亿美元，基本可以将单笔百万美元级别的交易滑点控制在 1% 内。

Arbitrum 在技术上更具优势，它采用的交互式欺诈证明是更高效、灵活的，可以最小化链上仲裁节点的工作量。交互式欺诈证明的方法基于对争议的剖析，假如验证节点一共担保了 N 个步骤的交易，挑战者将与验证节点在链下进行多轮交互，直至将双方存在争议的部分缩至最小范围，再提交给链上仲裁节点解决。

可以这样理解 Arbitrum 运行机制：以学校作业管理系统为比喻（每份作业就好比链上的交易任务），以太坊主网（L1）管理着全校学生的作业情况，而为减轻以太坊的直接工作量，学校每个班设置一个课代表负责收取并批改每份作业，打包（即 Rollup 块）后统一录入以太坊主网。而作业具体情况是否有欺诈则采用多轮欺诈证明来解决争议。这就好比设置了几位检查委员，按照算法去检查每个包内作业的真实情况，检查委员要以押上个人学分（即以太坊代币抵押）来确保公正。经过一周的争议窗口期后，最终以太坊才最终确认作业的批改情况。

因此，Arbitrum 用户将资产从 L1 转到 L2 则相当于以太坊主网转账一样是实时的，但是从 L2 撤回资产到 L1 则要经过一周的争议窗口期。Arbitrum 的生态发展进入了良性循环。随着总锁仓价值和用户数量的双增，越来越多的项目也乐于部署在 Arbitrum One 主网上，项目的增长也有利于进一步吸引资金和用户进入 Arbitrum One。

基于 ZK-Rollups 的代表项目。基于 ZK-Rollups 原理的 Layer2 项目衍生出了两种技术路线，分别是 ZK-SNARKs（Zero-Knowledge Succint Non-interactive Arguments of Knowledge，简洁非交互零知识证明）和 ZK-STARKs（Zero-Knowledge Scalable Transparent Arguments of Knowledge，简洁全透明零知识证明）。它们的代表项目有 zkSync、StarkEX 和 StarkNet。

ZK-STARKs 被认为是 ZK-SNARKs 的改进版本，旨在解决 ZK-SNARKs 的许多缺点。首先，在 ZK-SNARKs 中，一些与安全相关的随机数是需要初始节点选取的，如果有恶意节点保存了这些初始数据，它就可以利用初始数据生成虚假的证明，从而偷走用户在 Layer2 的资金；但在 ZK-STARKs 中，并不需要设置初始化可信值，而通过哈希函数碰撞进行更精密的对称加密方式。此外，在 ZK-SNARKS 中，所需的计算越多，验证者和证明者之间的通信量也就越大；但在 ZK-STARKs 中，验证者和证明者之间的通信量相对于计算的任何增量都是保持不变的，所以 ZK-STARKs 的整体数据量远小于 ZK-SNARKs。

zkSync 是由 MatterLabs 团队开发的一个基于 ZK-Rollups 原理的以太坊 Layer2 网络，它采用的有效证明方式是 ZK-SNARKs。zkSync 网络中最主要的产品是 zkWallet，它是用户在 Layer2 网络中的钱包，目前只兼容"转账"这一特定的交易行为。zkWallet 的优点是在同时进行多笔转账时，仅需要支付一次网络手续费，帮助用户节省转账成本。例如，用户在 Gitcoin Grants 为众筹项目批量捐款时，可以至多一次性完成 50 笔转账操作。根据官方公布的数据，zkWallet 累计完成了近 400 万笔交易，包括第 8～11 轮 Gitcoin Grants 中 98%的交易。

除了 zkWallet 之外，MatterLabs 也在积极开发 zkEVM，它是一种以兼容零知识证明计算的方式执行智能合约的虚拟机。目前已在测试网上线了支持 Uniswap 的 zkSync2.0，这也是 ZK-Rollups Layer2 网络首次兼容主网上的项目。

StarkEX 和 StarkNet 都是由 StarkWare 公司开发的产品，前者是以太坊 Layer2 可拓展引擎，后者是以太坊 Layer2 网络，它们采用的有效证明方式都是 ZK-STARKs。StarkEx 是一个较为成熟的平台，自 2020 年 6 月起已部署在以太坊主网上，截至 2021 年 10 月 5 日，累计完成了 2700 万笔交易和 800 亿美元的交易额。作为以太坊 Layer2 可拓展引擎，它允许 DeFi 项目将它们的应用程序部署、运行在 StarkEx 服务上，并为它们的交易结果生成零知识证明，最终将原始交易数据、状态变更结果和相应的证明记录在以太坊主网上。StarkEX 的业务实现逻辑如图 3-7 所示。

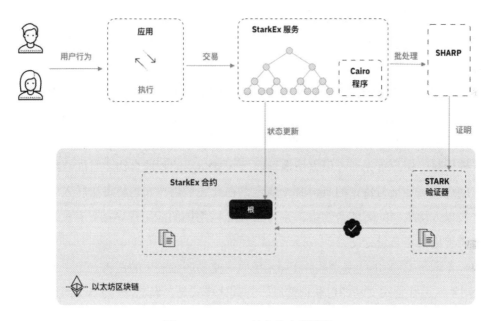

图 3-7　StarkEX 的业务实现逻辑

StarkEx 系统具有链上组件和链下组件。链下组件负责记录各账户的实时状态，执行系统中的交易并生成相应的零知识证明，再将交易后的状态变更结果和相应的证明发送到链上组件。链上组件负责保管系统内的资产，验证链下组件上传的证明的有效性，并将状态变更结果记录在以太坊主网上。

在使用 StarkEx 服务的项目中，dYdXV3 是交易量最大、用户数量最多的，也是运行在以太坊 Layer2 上的项目的典型代表。

dYdXV3 是架构在 StarkEx 系统之上的去中心化永续合约交易所。自从 2021

年 8 月 3 日公布了其平台治理代币的分发计划以来，其交易量增长迅猛，高峰时单日交易量一度达到了 93 亿美元，成为全网交易量最大的 DEX（去中心化交易所）。

借助于 StarkEx 服务，使得 dYdX 可以采取订单簿模式进行交易撮合——这是资本市场最为熟悉的交易撮合模式，同时确保了撮合效率。dYdXV3 解决了以太坊网络上合约交易者面临的痛点。在以太坊 Layer2 网络上进行合约交易，既可以得到媲美在以太坊主网上交易的安全保障，又可以享受到接近中心化交易所的结算速度和低廉的手续费。用户存入 dYdX 的资金实际上都被锁定在 dYdX 部署在以太坊主网的智能合约中，并且随时都可以提取；而交易的结算则发生在 Layer2 网络上，用户只需要在存入和取出资金时支付网络手续费，并不需要为每笔交易都支付，也就大大节省了交易成本。从体验上来看，dYdX 的交易撮合效率与传统中心化交易所（CEX）几乎无异。

对于以太坊网络的用户，使用 dYdXV3 的学习成本并不高，可以快速上手，使用者利用钱包签名即可注册。与在以太坊主网上进行交易时需要私钥持有者签名确认类似，用户在 Layer2 网络上的交易也需要由 starkKey 签名确认。所以，初次使用时，用户首先通过以太坊地址连接到 dYdX 的智能合约，智能合约会将用户的以太坊地址与特定的 starkKey 绑定，在此之后用户才可将资金转入 dYdX 部署在以太坊主网的智能合约中。等到 Layer2 网络中的应用程序接受存款后，用户即可使用其资金进行交易。

不同于 CEX 的交易逻辑，dYdX 引入"交易即挖矿"的逻辑，用户只需要在 dYdX 上进行合约交易即可获得奖励。其具体模式是，以 28 天为一个周期，按照用户的交易积分占比，将 3835616 个 dYdX 代币作为奖励分配。交易积分的计算公式实际上是一个柯布—道格拉斯生产函数，交易手续费的权重为 70%，平均持仓量的权重为 30%。例如，某用户在某期分发中贡献了 1000 美元的交易手续费，其平均持仓量为 100000 美元，那么他的交易积分=10000.7×1000000.3= 125.89×31.62=3980.64。假如，本期所有产生的交易积分为 1000000，那么他可以分配到 dYdX 的数量=3835616×（3980.64/1000000）=15268.21 个。在这样的分配模式下，只要用户能够分配到的 dYdX 的市值高于所花费的手续费，他就有动力继续刷高自己的交易积分，进而推动了 dYdX 平台交易额和未平持仓量的上涨。

StarkNet 是一个较新的项目，但代表了 StarkWare 公司未来的开发方向。

StarkNet 已在测试网上发布了 3 个版本，并计划上线部署于以太坊主网的 StarkNetAlpha。根据官方的公开文档，StarkNetAlpha 将支持 EVM 架构的智能合约，从而实现 Layer2 与主网的可交互性，拓展 ZK-Rollups Layer2 网络的兼容性。StarkNetAlpha 的业务实现逻辑与 StarEx 类似，但可以实现更好的兼容性。开发者可以将部署在 ETH 主网的智能合约移植到 StarkNetAlpha 上，用户则可按相同的操作逻辑进行合约交互；最终，所有的交易数据、状态变更结果和相应的零知识证明都会被 StarkNetAlpha 的节点上传至主网。StarkNet 的业务实现逻辑如图 3-8 所示。

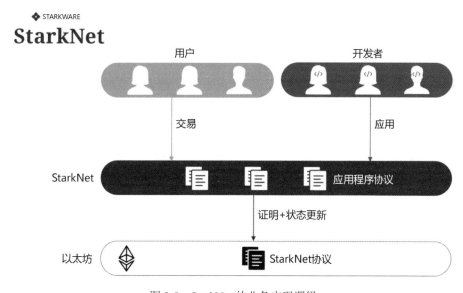

图 3-8　StarkNet 的业务实现逻辑

3.4.5　以太坊 Layer2 的潜在风险与发展方向

就目前的技术而言，无论何种 Layer2 方案都无法真正实现与以太坊主网相同的安全性。

其中，Sidechains 的安全性最弱。首先，在共识实现机制上，Sidechains 的安全性远逊于以太坊主网。区块链网络的核心要义是去中心化和不可篡改，而侧链恰恰是在这方面做出了牺牲，导致攻击者篡改侧链账本的成本显著低于篡改以太坊账本。其次，侧链上的 DeFi 项目可能存在更多智能合约漏洞。由于以太坊主网上的智能合约多是开源的，于是，有许多代码开发能力不强的仿盘团队将其简单改动后移植至侧链上。哪怕这些仿盘项目最初可以获得第三方审计公司出具的审计报告，但在后续的迭代版本中，出现新的智能合约漏洞的情况也十分常见。

Rollups 的安全隐患包括智能合约漏洞、博弈机制失灵、人为交易排序和密码学漏洞等。首先，无论是 Optimism Rollups 还是 ZK-Rollups，都是利用智能合约将用户存入 Layer2 网络的资金锁定在主网上，如果智能合约本身存在漏洞或被恶意篡改，用户的资金就有可能被盗。其次，Optimism Rollups 的博弈机制未必有效，潜在的挑战者未必能够审查验证节点发布的所有状态变更结果，一旦挑战期结束，即使状态变更结果与交易记录不符，错误的结果也无法回滚，Layer2 中的资金就有可能被盗。再者，Optimism Rollups 的交易排序是可被人为控制的。例如，Arbitrum One 的服务器中有一个中心化的交易排序器，如果运营商利用它抢先打包交易，即使其他节点率先提交"欺诈证明"，验证节点的保证金也会落入运营商的手里。最后，ZK-Rollups 依靠的密码学原理也有可能存在漏洞。ZK-STARKs 发展时间较短，属于较新的和实验性的密码学原理，需要更长时间来证明其安全性；ZK-SNARKs 中的"有毒废料"更是一直被诟病的漏洞。

在"区块链网络不可能三角"的框架下，首先应当保证的是安全性，其次是去中心化程度，最后才是可拓展性，对于以太坊 Layer2 也不例外。综合比较各 Layer2 方案，从长远角度来说，采用 ZK-STARKs 的 Zk-Rollups 是最为均衡的。首先，从安全性角度考量，Rollups 优于 Sidechains，Zk-Rollups 优于 Optimism Rollups，ZK-STARKs 优于 ZK-SNARKs。其次，从去中心化程度角度考量，ZK-Rollups 依靠的密码学原理是客观事实，经得起反复验证，不需要通过博弈机制保障其有效性，也消除了中心化的交易排序问题。最后，从可拓展性角度考量，虽然目前 Zk-Rollups 的兼容性不如 Optimism Rollups，但随着技术的成熟，Zk-Rollups 的 Layer2 网络陆续上线，实现对以太坊主网上 DeFi 项目的兼容，届时 Layer2 网络的高交易吞吐量将使可拓展性得到极大提升。

3.4.6 风险提示

区块链商业模式落地不及预期：基于区块链的稳定币是创新金融产品，相关项目处于发展初期，存在商业模式落地不及预期的风险。监管政策的不确定性：

加密货币和稳定币在实际运行过程中涉及多项金融监管政策。

目前各国监管政策还处于研究和探索阶段，并没有一个成熟的监管模式，所以行业面临监管政策不确定性的风险。前期中国已颁布限制虚拟币交易相关政策，中心化交易所已尽数退出中国市场，未来仍有监管进一步收紧的可能性；同时，虽然美国已通过比特币期货 ETF、Coinbase 也登录了纳斯达克，但原有监管体系也是基于银行账户系统，当前 DeFi 的发展突飞猛进，或将突破原有监管框架，2021年 9 月《经济学人》杂志封面文章也表达了对 DeFi 优劣势的描述——虽然高效但监管治理不完善。

3.5 GameFi 赛道崛起，元宇宙踏上破圈征程

3.5.1 GameFi 如何实现"边玩边赚"？

2021 年 8 月，区块链游戏赛道爆发，区块链游戏领域的投资额超 10 亿美元，而去年全年仅为 7200 万美元。GameFi 概念兴起，GameFi 即 Game+DeFi，指的是引入了 DeFi 模式和工具的区块链游戏，其中往往包含 NFT、DeFi 和治理代币的机制设计，其最大的特点是"边玩边赚"（Play-to-Earn）。在深受疫情影响的东南亚地区，这种游戏打金活动尤为普遍，平均每月的游戏收入可高达 1000 美元。

链游的龙头项目 *Axie Infinity* 近月来链上数据超过其他应用，制作团队在 2021年 8 月初向外界公开游戏的每日活跃用户已达 100 万。而根据 Token Terminal 统计数据显示，区块链游戏的头部项目 *Axie Infinity* 以 3.7 亿美元的收入远超其他应用，超过了目前所有主流项目收入的总和。

Axie Infinity 以数字精灵 Axie 为核心展开游戏。玩家可以培养、繁殖数字精灵 Axie，并参与类似卡牌策略的战斗赚取爱情药水 SLP 用于精灵繁殖。在游戏的设计中，Axie 以 NFT 的形式记录在区块链上，在智能合约中去中心化地实现基因和配种繁殖的功能。用于繁殖的必需品 SLP 则以链上代币的形式存在，可以自由交易，由市场定价。*Axie Infinity* 中的数字资产、核心玩法及经济模型分别如表 3-4、表 3-5 及图 3-9 所示。

表 3-4　*Axie Infinity* 中的数字资产

资产	类型	作用
数字精灵：Axie	NFT	➢ 需要 3 个 Axies 组队才能开始游戏 ➢ Axies 有自己的技能、特性和基因 ➢ 两只 Axies 可以根据基因随机生成后代 ➢ 幼体 Axie 需要五天才能成熟（可以当作盲盒）
爱情药水：SLP	ERC-20	➢ 消耗 SLP 用于繁殖后代 ➢ 使用型通证、无发行上限
治理代币：AXS	ERC-20	➢ 用于质押分享社区的手续费收益 ➢ 参与社区治理 ➢ 用于活动赛事的奖励

表 3-5　*Axie Infinity* 的核心玩法

玩法	介绍
冒险模式战斗（PVE）	➢ 搭配 Axies 队伍与 AI 敌人战斗
竞技场战斗（PVP）	➢ 与其他玩家战斗，提升自己的天梯排位 ➢ 具有竞技属性，有相关的赛事和直播
繁育后代	➢ 后代由父母的基因随机生成 ➢ 未成熟的幼体属于盲盒阶段，可以售卖 ➢ Axie 共可繁殖 7 次，所需的 SLP 递增

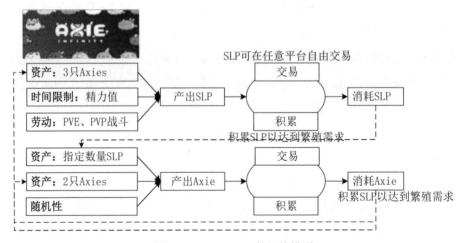

图 3-9　*Axie Infinity* 的经济模型

在游戏中，玩家通过出售游戏资产实现收益，区块链作为全球化的清结算平台，最大程度地方便了游戏资产的流转和交易。玩家赚取的游戏物品能够在任何交易平台进行售卖，繁殖的数字宠物也可以进行拍卖出售。玩家的游戏资产记录在自己的钱包内，因此可以不再不受项目的限制，在 DeFi 应用或者任何交易所处置自己的资产，也可以自由地转让他人。*Axie Infinity* 中引入了精力系统，每当开始一次战斗时都需要消耗精力，同时会根据时间缓慢恢复。当我们假设玩家每日都能充分利用精力时，Axie 本身就是一个每日按大致的固定比例生息的资产。

　　游戏中玩家赚取的利润最终来源是为体验付费的玩家和新玩家。游戏中需要具备 3 个 Axies 才能开始游戏，因此新玩家进入所产生的需求支撑着 Axie 的价格，目前一只 Axie 的最低价约为 200 美元。而像传统游戏一样，*Axie Infinity* 中也有大量玩家为了体验付费，购买或者繁殖自己想要的宠物，无论是收藏还是比赛用途。但与传统游戏不同的是，*Axie Infinity* 选择让玩家群体共享发展红利和游戏收益。

　　Axie Infinity 的玩家月收入可达 1600 美元左右，相较于传统工作已颇具吸引力。根据 Coingecko 发起的问卷调差（共 1371 个样本），约 60% 的玩家通过手机体验游戏，大部分玩家每日在该游戏上花费的时间超过 2 个小时。玩家的游戏收入主要集中在 151～200SLP 每日，约合 55 美元每天，1665 美元每月，而进入游戏购买初始资产所需要的资金门槛大概是 690 美元。据 CryptoSlam 数据显示，2021 年 8 月 NFT 游戏项目 *Axie Infinity* 累计交易量突破 10 亿美元，*Axie Infinity* 的销售额位列第一，如表 3-6 所示。

表 3-6　部分游戏的销售总额

序号	产品	销售额/美元	买方数量	交易记录	玩家数量
1	*Axie Infinity*	1,356,343,893	392,299	3,095,889	1,143,380
2	*Crypto Punks*	709,756,481	3,814	16,524	2,880
3	*NBA Top Shot*	683,972,871	329,144	8,803,485	537,919
4	*Art Blocks*	221,838,336	8,346	56,532	12,153
5	*Bored Ape Yacht Club*	186,059,519	6,473	18,919	5,221
6	*Meebits*	129,954,758	3,386	9,007	5,007
7	*Sorare*	67,722,257	22,717	364,727	24,031
8	*Z Zed Run*	67,560,454	15,599	68,731	19,663
9	*Hashmasks*	57,095,281	4,084	14,052	4,741
10	*Bored Ape Kennel Club*	41,851,657	3,266	8,789	4,393

　　游戏将资源的生产完全交予玩家，资产价格由市场自发调整。在首次发行之

后，制作组不再参与相关游戏资源的生产，而是通过收取交易手续费的形式实现项目的盈利。同时，通过治理代币逐渐地将游戏生态的发展和收益返还给游戏社区，实现去中心化的游戏社区。游戏中没有自己的货币系统，而是通过以太坊进行计价。由于游戏需要 3 个宠物才能开始，游戏吸引的大量新玩家产生了对游戏资源的需求，Axie 宠物和爱情药水 SLP 随之涨价。当供求变化时，资产价格也会在自由市场中自发调整。

3.5.2 GameFi——传统网游打金的升维

自由市场与游戏打金在传统网游中早有体现，但因为这种游戏模式的盈利性差和运营难度高而在网游模式中失去竞争力。游戏打金的方式是在游戏中获得游戏资源并出售给其他玩家，这种对游戏资源的需求最终来自于两种情况：玩家出于体验愿意为游戏付钱；更多的玩家进入游戏导致对游戏资源的需求增加。

早在 2001 年《热血传奇》火爆的时代，游戏装备的交易已经流行，《热血传奇》早期只进行点卡收费，而追寻游戏体验的氪金玩家需要找到打金工作室购买游戏内部的金币与道具。而后网易自主研发的《梦幻西游》更是拓展了开放的虚拟经济，开通了点卡公证处和藏宝阁后，玩家的劳动收益有了更可靠的变现平台，基于游戏谋生也成为了可能。梦幻西游的经济系统如图 3-10 所示。

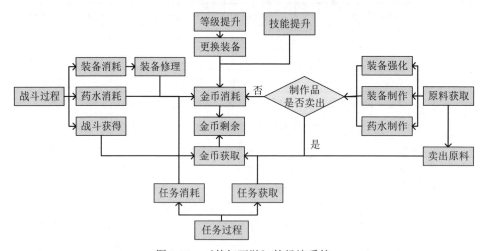

图 3-10　《梦幻西游》的经济系统

　　游戏经济主要是游戏资源的配置和循环,包括游戏资源的产出、交易、积累和消耗。

　　(1)产出:游戏资源的产出依靠资产、时间、劳动和随机性中某些的组合;如 *CS:GO* 中的皮肤是通过箱子(需要玩游戏一段时间掉落),加上钥匙(需要购买的资产),开箱抽奖(随机性)而得。游戏经济模型如图 3-11 所示。

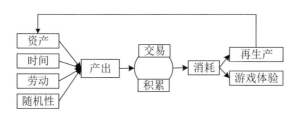

图 3-11　游戏经济模型

　　(2)交易:玩家可以出售、交换游戏资源。

　　(3)积累:通过积累某些游戏资源以达到升级、投机、游戏体验等目的。

　　(4)消耗:玩家消耗游戏资源用于进一步的资源产出,或者用于自己的游戏体验。

　　每种游戏资源生命周期的相互嵌套,构成了复杂的游戏经济系统。玩家边玩边赚是游戏公司将游戏资源的生产权交给玩家的结果。在封闭经济的游戏中,游戏制作团队掌控着游戏资源的产出和交易环节,以出售稀缺资源作为重要的盈利点。而开放式经济的游戏中,玩家可以进行部分游戏资源的交易,从而通过产出资源实现盈利。

　　边玩边赚能够长期维持的必要条件是有人为游戏体验付费。玩家的收益来源于其他玩家对游戏资源的需求,这种需求最终只来自于两种情况:玩家出于体验愿意为游戏付钱;更多的玩家进入游戏导致对游戏资源的需求增加。随着全球游戏用户数量不断增加,游戏行业整体规模已达千亿美元。越来越多的人投入到虚拟世界中进行消遣娱乐。游戏市场的行业规模也在不断攀升。根据 Newzoo 的最新预测,游戏市场将以 8.7% 的速度增长,2023 年将超过 2000 亿美元的门槛,这表明越来越多的人愿意为了虚拟体验付费,大量的玩家在游戏上花费了时间和精力,边玩边赚的模式在这种大环境下也能够延续。

　　而近年在网游中,开放自由市场正逐步萎缩,取而代之的是对游戏资产流通的严格限制，以及捆绑随机性销售的盲盒模式。开放市场的退潮主要有以下原因：开放市场不如封闭市场的商业模式收益高，比起开放自由市场，交易限制与盲盒购买能够最大程度地向玩家售出游戏资源，具备更好的盈利性。开放市场的运营难度更高，当出现游戏资源的相关 bug 时，能够通过自由市场传导到整个经济体，从而出现系统性风险。

但区块链技术与游戏结合后，我们看到了游戏制作组、玩家、商人和工作室在一种全新的商业模式下达到了一种新的利益平衡。游戏生态的各个参与方都可以从生态的长久发展和活跃增长中收获自己的利益，也使得一个拥有现实般开放自由经济的虚拟世界成为可能。区块链赋能游戏经济如图 3-12 所示。

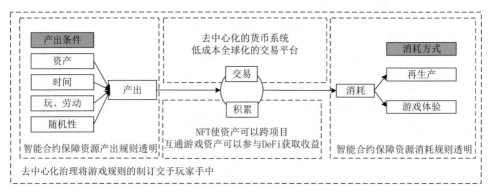

图 3-12　区块链赋能游戏经济

区块链能够在游戏经济系统的各个环节进行升级，从而实现去中心化的游戏模式，实现更加可靠、高效的经济系统：

（1）资源产出步骤的上链能够增加玩家对于虚拟经济系统的信任。通过将游戏资源的产出条件上链，包括时间、所需资源、概率等，能够有效稳定玩家对于游戏世界经济系统的预期。

（2）区块链能够为游戏提供自由流通的货币系统。

（3）区块链能够减少交易成本，提供完善的全球化的资产流转交易的解决方案。

（4）去中心化治理将把游戏的运营和发展交到玩家手里。

（5）NFT 的记账方式使得不同项目的数字资产能够互通。

区块链游戏在虚拟资产的设计上有着更高的灵活性，区块链技术为游戏运营提供了新的工具，但本质上链游打金与传统的网游打金并无不同。目前的区块链游戏的去中心化治理仍处于初级阶段，游戏制作团队依然保留着对规则的控制权。

3.5.3　开放的商业生态将推动游戏经济发展

得益于区块链的开放性，在游戏虚拟经济基础上的商业模式将更加活跃与丰富。我们发现有些基于游戏虚拟资产的第三方商业组织开始实现一些创新型的经济活动。

在自由开放的游戏虚拟经济中，游戏商人和打金工作室的出现是必然现象，但传统的游戏商人和工作室往往处于灰色地带。在自由开放的市场，商业组织可以降低资源交换的成本，专业的分工也使得资源的产出更加高效，游戏中的商人和打金工作室是不可避免的经济现象。传统的打金工作室、游戏商人，因为与游戏制作团队之间存在利益纠纷，往往处于灰色地带。这些商业组织增加了游戏内部的经济活跃度，但也会扰乱经济秩序、破坏游戏体验、影响游戏寿命，并且侵害了游戏公司的权益。

区块链游戏改变了游戏制作团队、玩家和打金工作室的利益关系，改变了玩家资产数据的归属，从而基于游戏经济的商业组织会更加的正式和规范。制作团队依靠平台收取手续费，其盈利点不再依靠售卖游戏资源和道具而是与游戏的长期生态绑定，而工作室和商人的商业行为促进着游戏活力，推动游戏发展。我们看到在 GameFi 模式下，这些基于游戏经济的工作室从灰色地带走出，成为虚拟经济中重要的参与者，并与制作团队保持着良好的关系。

同时因为区块链项目的去中心化，任何个人或组织都能够读取其他项目数据，并可以游戏数字资产为基础做商业模式上的探索，如游戏装备的租赁、交易等。而以 YGGGAMES 为首的去中心化游戏公会，降低了玩家游戏打金的投入门槛和认知成本，同时服务了游戏生态和玩家群体。让我们看到了基于游戏资产的商业生态发展的未来。

YGGGAMES 的核心业务是投资游戏资产、租赁游戏装备与培养游戏玩家。该 DAO 旨在通过投资区块链游戏赚取游戏资产、培养游戏玩家、租赁游戏资产，以及打造增强元宇宙虚拟经济的商业模式，推动创建全球最大的虚拟世界经济体。YGGGAMES 主动管理其社区拥有的资产，获得最大效用，并与社区分享这些资产的利润。YGGGAMES 主要依靠投资、租赁、玩家培训为一体的盈利模式。公会将投资的数字资产租赁给玩家，从而降低了游戏的进入门槛，同时有专门的经理负责玩家的培训和社区的发展。公会为会员提供游戏装备，会员在游戏中的收益按照 7:2:1 的比例分给会员、经理和社区。根据游戏公会于 2021 年 8 月 12 日发布的社区公示，目前公会已有超过 4000 名打金学徒，他们绝大部分都来自菲律宾、印度尼西亚、巴西等发展中国家。这些学徒租赁游戏装备参与游戏打金，在 2021 年 7 月游戏中产出了约 300 万美元的游戏资产。

尽管区块链平台的去中心化使得基于游戏虚拟经济的第三方商业模式变得更加普遍，开放的商业生态能够为虚拟世界带来活跃的经济活动，但这种商业模式可能会存在侵权行为。

3.5.4 Play-to-Earn 向 Create-to-Earn 的转变

无论是传统网游还是区块链游戏，游戏脚本一直以来是破坏游戏经济的最主要因素。游戏玩家通过玩的方式收获游戏资源，而游戏脚本通过自动化执行、多开等方式产出游戏资源，降低了游戏资源的劳动价值。自动化的游戏脚本剥削了玩家劳动，而 AI 的发展将完全取代玩家在游戏中的机械劳动，甚至取代 PVP 等智力活动。

而从 Roblox 我们看到了 Play-to-Earn 的另一个方向，以虚拟创作为玩家带来新服务的 Create-to-Earn 模式。Roblox 中赚钱效应主要是通过创作者为玩家提供增值服务实现的，也就是 Create to Earn。创作者通过打造游戏世界，打造皮肤、道具出售给玩家，从而增强玩家的游戏体验。这使得创作者能够通过虚拟创作，获得现实中的收益，沙盒游戏开始迈向 UGC 平台。在经济激励下，用户的创作被激发，目前平台已有超过 1800 万个游戏体验。

区块链游戏保证了数字资产的所有权，同时可编程资产为 Create-to-Earn 带来更多经济活力。这意味着用户在虚拟世界拥有私有产权的创作空间，作品也可以以 NFT 的形式在链上流通。The Sandbox 是一个社区驱动的平台，创作者可以通过区块链上的像素化资产以及游戏获得收益。玩家可以转让、交换、出售、交易，或使用他们的 NFT 无需征求 The Sandbox 或任何中央实体的同意。这种对于创作者权益的保障使得游戏还未上线，就已有超过 3 万名创作者，LAND 土地销售额达 1.44 亿美元，并与多个知名 IP 达成合作。我们也将会看到 NFT 与创作者经济更多的结合应用涌现。

3.5.5　Web 3.0 商业模式的探索

去中心化的 GameFi 模式，把游戏公司赚的钱直接分给参与者，形成分布式游戏商业经济体，为下一步 Web 3.0 商业模式的大规模推广探索了一条路。Web 1.0 时代是早期的互联网，由网站运营者发布信息，用户都是被动输入信息，很少产生信息的互动。而随着手机端的移动互联网的诞生，Web 2.0 允许用户与平台进行大量的互动，同时像微信、微博、抖音的诞生，使得用户可以自己上传发布内容，让互联网上的信息量得到了空前的增长。然而，无论是 Web 1.0 还是 Web 2.0 都十分依赖于"信息中介"，这其中既包括社交网络平台（如 Twitter、Facebook），也包括中心化的服务器（如阿里云、AWS 等）。

Web 2.0 下的互联网平台提高效率的同时也带来了垄断经济。互联网平台通过降低价格和蚕食竞争对手利润来夺取市场份额，降低价格并将价值重新分配给用户——始终是互联网发展的核心经济动力。但随着用户数据垄断，高替换成本、强网络效应和用户体验成为了互联网巨头的壁垒，平台的服务费用也在水涨船高。

而 Web 3.0 具有无需信任、去中心化等特点，用户对于自己的数据隐私具有控制权。为了实现 Web 3.0，则需要各种技术的加持，包括区块链、AI、物联网等，这其中区块链技术又与 Web 3.0 的愿景尤为的契合，这也是区块链被称为"价值互联网"的原因之一。

GameFi 只是开始，Web 3.0 商业模式持续推广探索。Web 3.0 的应用形态将从产品主导用户，转变为以用户为中心的开源产品形态，在利益分配上以社区为核心，通过代币经济将开发者、用户、投资者的关系绑定。

TikTok 在本月与去中心化流媒体平台 Audius 达成合作，任何创作者都可以将他们在 Audius 上传的歌曲一键发布到 TikTok 作为 TikTok Sounds。Audius 是一个去中心化的音乐流媒体平台，推出了 Audius Collectibles，艺术家可以在他们的个人资料页面上展示音乐 NFT。这种类型的模型结合了原生平台代币，并为艺术家提供了另一种方式来展示他们的艺术作品、专辑或他们代币化的任何资产。而在社交网络、电商等多个领域，也看到了 Web 3.0 商业模式的雏形。

第 4 章　元宇宙中的细分赛道

4.1　游戏

Oculus 的成功已经证明了内容在硬件更迭中的重要性；但国内的游戏发展存在一个悖论，即元宇宙天然需要 UGC 内容来维系生态，但国内显然缺乏 UGC 的内容基因，所以未来基于 AI 能批量化创造出优质内容的平台也是值得关注的标的。

（1）游戏是最先成长起来的元宇宙场景。虚拟社交身份、开放性、经济系统、沉浸感、世界可持续性是元宇宙游戏需关注的五大特征。

（2）元宇宙游戏依然是游戏，现阶段参与元宇宙游戏的主要是游戏爱好者。新的概念依旧需要好的游戏产品支撑。团队经验和技术能力是考察元宇宙类游戏的核心点。

（3）元宇宙的架构形式应具有多样性。国内大多数元宇宙游戏均为 Roblox 的尾随者，元宇宙游戏将创作的主导权交给玩家，即玩家生产地图和规则，本身还是架构为王，这和 20 年前的《魔兽争霸 3》地图编辑器区别不大。

（4）游戏引擎类长期开发价值更大，但短期内引爆平台的一定是好内容本身。Roblox 的核心优势是其开放的玩家创作机制，进而实现闭环生态。目前，国内暂无明显的具有优质规模化 UGC 内容的类 Roblox 平台出现。而国内追溯过往各娱乐形态，UGC 内容均没有大规模平台出现，但元宇宙核心是需要大量内容沉淀，所以基于 AI 的内容创作会是解决该瓶颈的一个方向。

（5）随着元宇宙概念的发展和渗透，游戏、社交、VR 内容之间的融合程度将会越来越高。目前，市场对元宇宙游戏的边界和定义尚且模糊。从元宇宙第一股 Roblox 的用户数据来看，2021Q1 的 DAU 已达 4200 万，过去一年近乎翻倍。最近大火的 VRChat 在 Steam 上的平均在线用户数也近 20 万。此外，更加接近元宇宙概念的区块链游戏，其融资数量仅在 2021H1 就达到过往年度峰值水平，预计 2021 年区块链游戏市场还将大幅提升。

Roblox 是市场份额最大的游戏类元宇宙项目，拥有 700 万地图创作者，是目前最接近元宇宙概念的游戏。其优势在于内容生态丰富、创作激励丰厚、可供游玩题材多样、房间可容纳玩家数量多（社交性强）。但中国版《罗布乐思》暂时未上线语音交流功能，社交方面受限。Roblox 百万级创作者首次实现了游戏内容生态的闭环，几乎完全放弃了 PGC 模式，这是传统游戏厂商无法想象的。为实现其闭环特征，Roblox 做了三件事：

（1）稳定的经济系统和优秀的创作者激励机制：Roblox 有一套建立在 Robux 货币基础上运行稳定的经济系统，覆盖内容的创作与消费。玩家在地图中充值的 Robux 有近四分之一将成为创作者收入，这大大激励了用户从普通玩家转化成创作者的热情。

（2）低数据量降低硬件性能门槛和云游戏带宽门槛：Roblox 简单的画面保证了数据传输量和硬件算力友好，在这种模式下，用户设备承载的负荷更轻，且游戏的硬件标准被降低，增加了游戏的潜在玩家数量。随着 5G 网络的到来和音视频技术的进步，游戏创作平台开始向云游戏模式过渡，传统游戏分发平台则逐渐成为软件商店的角色。

（3）Roblox Studio 降低了创作准入门槛：Roblox 尽量简化开发者编辑器，对于一个青少年来说，其无代码开发模式只需 20 分钟即可上手，同时增强了教育属性。

即便 Roblox 在诸多方面达到行业领先，但目前依旧不一定是所谓的元宇宙。Roblox 本质上只是一个 UGC 游戏平台，尚未完全满足元宇宙的沉浸感、虚拟社交身份的条件。此外，Roblox 的 UGC 玩法不一定适合中国市场，主要原因包括中国市场缺乏 UGC 平台的成长基因、用户的内容付费意愿低，因而 UGC 盈利前景不明朗。所以我们认为短期内，基于 AI 创作大量可供消耗的内容是游戏发展中重要一环。

4.2　VR/AR

硬件厂商的核心壁垒在于交互算法+工程能力，但目前都缺乏内容基因，需要持续投入内容产出，更看好 Oculus 模式，基于一定的硬件能力依托大厂内容和资本助力快速实现爆发增长。同时，基于 VR 技术的沉浸式体验内容也会快速成长起来。

（1）VR 技术是接通元宇宙和现实世界的桥梁，是实现元宇宙沉浸感系统的关键，而脑机接口替代 VR 设备的征程还很长远。所以，VR 更有可能成为元宇宙硬件载体的 1.0 形态。

（2）VR 的关键词在于"娱乐体验"，AR 则在于"效率提升"。从爆发周期看，VR 会早于 AR 爆发，因为娱乐天然具有可快速推广属性，能快速触达更多人群。

（3）VR 的技术积累已经达到可以大规模适用的基础，目前核心组件主要依托成熟的大厂，差异化不高，硬件核心竞争力在于交互算法+工程能力。

（4）VR 硬件设备具备典型的智能硬件发展路径，短期集中于游戏场景，长期看更接近智能手机。未来驱动整个 VR 行业增长的核心机制将是内容生态。

（5）VR 和元宇宙具有天然相关性，头部内容将会提升 2C 单机产品的市场渗透率，短期内 VR 线下体验店仍将是普通消费者接受 VR 体验最直接的路径。

消费级 VR 设备将是用户通往元宇宙的大门，正如电影《头号玩家》，戴上头显就进入另一个世界，而 AR/MR 设备和技术将是搭建元宇宙场景的最高效工具。2020 年，全球 VR 头显设备出货量已达到 670 万台，同比增速超 70%。据 IDC 预测，2022 年出货量将达 1500 万台，Mark Zuckerberg 口中"智能硬件达到一千万台"的市场拐点即将到来。

VR/AR 内容的匮乏是目前掣肘该行业的最大因素。随着更多的游戏厂商转向 VR 内容生产，硬件设备的市场覆盖率会呈现出指数级增长。硬件-内容的行业增长飞轮驱动行业增长，最核心要素包括性价比。回顾 Oculus 在 2020 年的成功，极高的性价比是其引发 VR 消费级设备行业大火的首要原因。随着市场对 VR 内容需求的大量增长，硬件厂商也将加速内容生态的构建。

Oculus Quest 2 是 Facebook 在 2020 年 10 月推出的一体式移动 VR 设备，目前全球市场份额第一。在硬件方面，性价比高，佩戴舒适感和噪声问题都得到了很好的解决，并拥有相当丰富的内容生态，其独占 VR 游戏《阿斯加德之怒》《孤生》等均接近 3A 品质，未来基于 Oculus 平台的游戏内容质量甚至有望超越 V 社的 *Half-Life:Alyx*。

国内 VR 硬件市场头部玩家已经浮现，头部玩家包括 Pico、爱奇艺 VR、大朋等，未来能率先构建完整内容生态的玩家有望突围实现高速增长。

4.3　Metahuman

人物身份建立是元宇宙的第一资产，且距离商业化可能更近。

（1）人物 ID 是元宇宙的第一资产，因此 Metahuman 是实现元宇宙中用户的虚拟身份感和沉浸感的保障。该领域不存在绝对技术门槛，商业场景丰富。目前，高保真数字人的盈利模式已然通过社交账号运营、流量变现等方式完成初步商业闭环。

（2）Metahuman 对元宇宙搭建提供的更多是启发和印象式的宣传作用。未来在元宇宙部署后期，Metahuman 与 AI 技术的融合会更加明显，将提供更有沉浸感的虚拟社交身份。

（3）现阶段的 Metahuman 依然服务于社交平台网红、追星等消费场景，未来 Metahuman 的突破点将在于品牌合作、明星合作、网络原创剧集，使流量破圈。

（4）虚拟偶像和数字人有天然的 IP 安全性优势，相比频频"人设崩塌"的艺人，完全由团队经营的虚拟人物作为偶像永不怕翻车。Metahuman 相比传统偶像的核心竞争力在于纯粹市场导向的人设搭建，理论上完美贴合各种商业场景，但仍需等待市场的消费者教育。

根据艾瑞咨询的测算，2021 年的虚拟偶像市场规模或超 1000 亿。Miku 初音未来是第一代虚拟偶像的代表。作为高保真数字人的前身，这个时期的虚拟人只有简单的建模和算不上逼真的动作和材质，主要以合成声音为特色。初音未来几乎只能适应线上场景，线下也仅局限于舞台、音乐会、漫展等演出场景。随着技术水平的提升，虚拟人物逐渐从二次元领域脱离并走向线下，从虚拟偶像到 Metahuman 的概念升级。从 2015 年开始，虚拟人物走向高保真，宣传集中于线下场景的趋势也越来越明显，集原美是这一阶段的代表人物，在其宣传的短片和图片中，主打人物与现实场景的融合。归功于动捕技术的进步，如今虚拟偶像的实时互动性显著提高，其变现方式也从虚拟演出扩展到秀场直播和游戏直播，B 站上最受欢迎的虚拟主播之一"泠鸢"有超 300 万的关注量，乐华娱乐旗下的虚拟偶像团体 A-Soul 在全网已拥有超过 400 万粉丝。

Epic 旗下的 Metahuman Creator 是一款基于云服务的应用,能帮助任何人在几分钟内创建照片级逼真的 Metahuman,可在虚幻引擎项目中用于制作动画,近乎完全复制一个现实生活中的人类外表。高保真数字人的商业场景更广,开通自己的社交账号、与队友"双排"、骑自行车上街、逛潮牌店等,甚至可以有真实的社交。而国内市场教育才刚刚起步,AYAYI 刚出现时,很多粉丝以为是真人,在知道她虚拟形象的"真身"后,其社交账号流量反而出现下滑。国内的 Metahuman 市场有待成熟,而由于完全依靠人设服务于商业场景,市场对虚拟人团队的 IP 运营能力有着更高的考察要求。

4.4 社交

短时间内难出现新的大 DAU 级产品。优秀的社交产品应同时具备关系的建立、沉淀和转化三方面能力,当下社交的内在逻辑仍是通过兴趣或者内容汇集足够多的用户形成平台效应,新的产品也一定是基于新人群的兴趣出发或者提供了差异化的互动方式。

(1)元宇宙概念下的社交产品最注重虚拟身份及社交关系的搭建,现阶段仍难以实现线下身份感代入。

(2)能快速打通社交关系链条、提升社交效率的关键点是建立足够大用户基数的平台,因此元宇宙社交领域的机会集中在大厂。

(3)兴趣社交(Interest-Based Social)、多对多链接(Many-to-Many)和虚拟交友(Avatar)是元宇宙社交产品的创新点。

(4)元宇宙社交产品更多是对以往产品功能、玩法等的翻新,或进行一定程度的微创新、局部创新,并没有本质上的变革。

目前元宇宙概念下的社交可分为 3 类模式:

(1)对多链接通过增加最小社交单元的组成人数或组队方式,以大于 1 人作为最基本的社交单位进行小群组间的关系匹配和建立。Clubhouse、Zoom 和 Discord 的创新更多是基于技术进步的量变(可容纳人数)而非质变。

(2)兴趣社交主要在半熟人或陌生人之间以趣缘圈子为单位展开,如

VRChat 中的不同主题房间、公路商店和 Soul 中的兴趣标签等都是非熟人之间信号传递的媒介。

（3）虚拟交友利用 VR/AR 生成虚拟形象打造虚拟人物、仿真明星（模拟形象和声音），以 VRChat 为代表的软件可导入和分享玩家自制的个性化化身（Avatar），因此受到 ACG 爱好者的广泛好评，最受欢迎的化身往往与著名的动画、游戏 IP 相关。以《患患》为代表的虚拟交友软件则是靠丰富的服装和饰品，来吸引爱好穿搭和人物养成的年轻人。目前，数字人在社交领域的应用由于距离全新的用户沉浸感体验仍有一定差距（技术门槛较高，硬件承载力不足），尚未能实现大规模商业化。

4.5　区块链

区块链是支持元宇宙终极形态的底层协议，而 NFT 将具有独特价值（非同质化价值）的资产加密化，用区块链技术背书，使其 100% 不可仿冒或者盗版，从而保证数字艺术品的安全性。被做成 NFT 的资产，影响其价格的唯一因素是市场的供需关系。DeFi 基于区块链构建，可以像乐高积木一样组合。运用区块链技术将传统金融服务中的所有"中介"角色全部由代码替代，从而实现金融服务效率的最大化和成本的最低化。

（1）NFT 和 DeFi 是区块链在元宇宙世界中的主要应用，二者可以有效支撑元宇宙的经济系统。以腾讯"幻核"为代表，国内 NFT 项目崭露头角，但功能相对保守。在数字收藏品和游戏领域，NFT 的市场规模不可限量，目前全球加密资产的总市值已超 2 万亿美元。

（2）DeFi 市场持续低迷，但由于区块链的天然加密属性，仍有长期发展的趋势。

NFT 市场规模不可限量，现实世界的泛数字化已初步显形。OpenSea 平台于 2021 年连续获得大额融资。CryptoKitties 平台诞生了史上最贵的加密猫 Dragon，成交价格约合 170000 美元。在 NFT 艺术世界 Cryptovoxels 中，加密土地已几近售罄。该项目受到加密艺术家们的青睐，通过打造画廊，用户可以直接购买展示的 NFT 作品。每一名加密艺术家都希望自己的作品能得到更好的展示机会，因此画廊的位置很重要，这些土地本身也是 NFT。

除此之外，国内腾讯发起的 NFT 项目"幻核"，目前加密发行了"十三邀语录唱片"收藏品，阿里巴巴也推出了专门用于 NFT 艺术的交易市场，其已经展示了许多 NFT，如星球大战插图和西明珠塔的绘画。尽管二者不满足去中心化、可二次交易的属性，仅提供收藏价值，但可视为国内大厂在 NFT 方向上的积极尝试。

由于加密货币市场波动和政策影响，DeFi 项目当前的总锁仓量稳定在 10 亿美元左右，基于区块链技术实现的流动性转换及智能合约，未来将更高效地赋能元宇宙经济系统，在元宇宙发展的中长期阶段将大有所为。

4.6　元宇宙升温，相关转债有哪些？

目前关于元宇宙尚未形成明确的共识性概念，元宇宙大体可定义为融合多种新型技术搭建的一个既映射现实世界，又平行于现实世界的虚拟空间。根据清华大学新媒体研究中心的定义，"元宇宙是整合多种新技术而产生的新型虚实相融的互联网应用和社会形态，它基于扩展现实技术提供沉浸式体验，基于数字孪生技术生成现实世界的镜像，基于区块链技术搭建经济体系，将虚拟世界与现实世界在经济系统、社交系统、身份系统上密切融合，并且允许每个用户进行内容生产和世界编辑。"而在国内外产业中，Facebook 将元宇宙理解为"移动互联网的下一站"，扎克伯格认为元宇宙不仅存在于游戏，而且在居家、社交、工作、健身、教育、NFT 交易等场景也有所应用。事实上，Facebook 在元宇宙全球领域的布局较为全面，已涵盖 Creatorp 内容创作社区、VR/AR Oculus Quest、数字货币 diem 及商业，以及 Workplace 虚拟办公空间等。

Microsoft 同样也是元宇宙的先驱者，尤其是企业元宇宙。2021 年 7 月，Microsoft CEO Satya Nadella 在 Microsoft Inspire 的一次演讲中，首次提出"企业元宇宙"的概念，内核是数字孪生、物联网与混合现实相结合。2021 年 11 月 2 日，Microsoft 在 Ignite 大会上宣布，计划将混合现实会议平台 Microsoft Mesh 融入 Microsoft Teams 中，发力企业级元宇宙。同时，Microsoft 还计划将 Xbox 等娱乐级平台也纳入元宇宙中，二者同步推进。

Roblox（元宇宙概念第一股）作为全球领先的 Z 世代"社交+游戏"平台，

对元宇宙的解释较为具体，内涵特征主要包括身份、社交、沉浸感、低延迟、多元化、随地、经济系统、文明。

腾讯提出的全真互联网概念与元宇宙内涵较为接近。"真"指的是真实世界，"全真"也就意味着虚拟世界和真实世界一样，二者密不可分。2021 年 11 月 3 日，腾讯云总裁邱跃鹏在 2021 腾讯数字生态大会上表示，"伴随消费互联网和产业互联网的蓬勃发展，线上线下一体化、数字技术与真实世界融合的全真互联时代正加速到来"。

不过总体来看，元宇宙尚处于最终形态早期阶段，即使是全面拥抱元宇宙的 Facebook，也称社交公司转型为元宇宙平台公司还需要 5 年的时间。Facebook 全球事务主管尼克·克莱格在 2021 年 11 月 2 日的采访中称元宇宙可能需要 15 年时间才能成熟。

若要实现元宇宙的基本形态，即现实中的人在一个平行存在的虚拟世界以虚拟化身的形式生活，且该虚拟世界中还拥有完整运行的社会和经济系统，可能还需要如下多重领域同步取得变革性进展：一是底层算力和基础设施，如区块链、网络环境、云计算、边缘计算、AI、机器人、3D 引擎等；二是硬件交互接口，如 VR/AR、手机、智能可穿戴设备等；三是软件内容创作，如游戏、社交、购物、教育、办公等应用场景。元宇宙生态版图架构如图 4-1 所示。

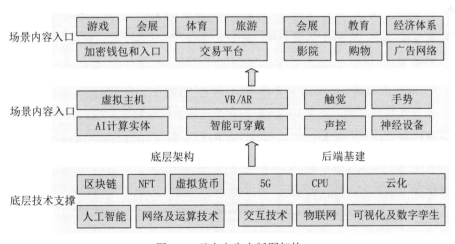

图 4-1　元宇宙生态版图架构

映射到转债市场，存量标的主要集中于硬件交互接口领域的 XR、底层算力和基础设施领域的区块链、数据中心、云计算、AI，以及软件内容创作领域的游戏等板块。

从价位结构来看，上述行业在绝对价格、转股溢价率和存量规模方面均存在较大分化，其中 XR 领域显示模组板块品种绝对价格和估值水平普遍较高。数据中心领域除 UDC（海底数据中心）板块的海兰转债，整体价格处于相对低位。游戏板块标的估值水平则处于同等资质品种中相对高位。

1. 软件内容创作存量标的

软件内容创作上，宝通转债兼具 XR 和游戏业务。元宇宙软件内容创作领域，存量标的数目较少，主要包括游戏领域的宝通转债、游族转债以及视频创意领域的万兴转债等。

宝通转债主营业务现已形成"工业互联网+移动互联网"的双轮驱动格局，公司在元宇宙领域布局主要通过投资哈视奇、一隅千象以及成立海南元宇宙完成。哈视奇主要负责 AR/VR 的内容端；一隅千象则致力于一个新的数字 3D 空间平台，以期在无需佩戴任何设备的前提下实现裸眼 MR 交互。

根据公司 2021 年 10 月 27 日投资者关系活动记录表及 2021 年中报，移动互联网（游戏）方面，公司相关业务主要实施主体为子公司易幻网络、海南高图及成都聚获。公司目前拥有多款仍在运营的热门游戏，如易幻的《三国群英传》《完美世界》《梦境链接》，高图的 *War and Magic* 以及聚获的《终末阵线：伊诺贝塔》。其中，公司将与哈视奇、一隅千象更多在 AR/VR 领域为《终末阵线：伊诺贝塔》赋能，打造裸眼 3D 机甲战士。此外，公司 2022 年产品储备相对丰富，将在海内外上线《巨商》《卧龙吟》等新品，且有 5 款以上的自研（定制）产品也将届时上线。

工业互联网方面，公司主要从事工业散货物料智能输送全栈式服务。公司与一隅千象联合定制的工业 MR 产品 BOTONSPACE1 曾在 2021 年世界物联网博览会和中国煤炭展上亮相，可在虚拟空间里还原各类工业设备、厂房及作业环境。例如，在煤矿井下场景中，可以实现井下工业输送数字孪生的沉浸式体验，在裸眼环境下 1:1 还原进行井下安全培训。值得注意的是，公司相关元宇宙概念产品主要处于在研状态，如可监测输送带运行状况的 XR 智能设备、裸眼 3D 显示设备等。

业绩方面，公司 2021Q1～3 共实现营业收入 19.72 亿元，同比增长 1.03%；归属母公司股东的净利润 3.33 亿元，同比增长 5.39%。

转债方面，宝通转债近日价格波动较为剧烈，截至 2021 年 11 月 9 日，宝通转债主体评级为 AA–，绝对价格为 159.20 元，转股溢价率为 13.24%，转债属典型的"双高"标的，考虑到转债已进入转股期，须警惕潜在的触发强赎估值压缩风险。

游族转债深耕卡牌和 SLG（策略类）游戏。正在运营的游戏超 30 款，主要产品包括自研卡牌游戏《少年三国志》系列、SLG 玩法的自研游戏《权力的游戏：凛冬将至》、*Infinity Kingdom* 等。根据公司 2021 年 9 月 24 日投资者关系活动表，公司《新盗墓笔记》已于 2021 年 9 月 12 日上线，该游戏的首日新增用户突破 100 万。此外，公司在研 5～6 款卡牌产品，且拥有《三体》的游戏版权，将会通过自研、外部定制、合作开发的不同方式去共同推进，可能会有启动 2～3 款游戏。

业绩方面，公司 2021Q1～Q3 共实现营业收入 25.14 亿元，同比下降 32.49%；归属母公司股东的净利润 3.54 亿元，同比下降 36.77%。

转债方面，截至 2021 年 11 月 9 日，游族转债主体评级为 AA，绝对价格为 118.97 元，转股溢价率为 48.12%。

万兴转债专业从事创意类软件研发、销售业务，营收主要来自于境外。公司主要产品包括视频创意软件（Filmora、万兴喵影等视频编辑软件）、绘图创意软件（EdrawMax）、文档创意软件（PDFelement）等[50-52]。

元宇宙相关业务方面，公司专注计算机视觉和音频领域的技术研发，优化底层算法，部署 AI 数据服务器和 AI 训练服务器/CI 集成机群，打造视频创意的算法核心技术。根据公司 2021 年中报，2021H1，公司产品新增部分 AI/AR 等用户所需功能、丰富大量特效资源素材，提升产品功能与属性。此外，公司通过投资广州引力波信息科技有限公司，涉足 3D/XR 技术领域，通过投资交互式 3D 云平台 Realibox，加强公司视频创意领域 AI 技术、AR/VR 等核心技术的研发，并积极探索 3D 模型和基于 Gan 网络的形象生成等技术实现。此外，根据公司 2021 年 9 月 2 日投资者交流活动表，公司已拥有包括图片、视频、音频、特效在内的 1500 万素材资源，同比增长超过 3 倍，资源收入同比增长约 83%。

业绩方面，公司 2021Q1～Q3 共实现营业收入 7.57 亿元，同比增长 5.31%；归属母公司股东的净利润为 0.22 亿元，同比下降 83.49%。

转债方面，截至 2021 年 11 月 9 日，万兴转债主体评级为 A+，绝对价格为

127.10 元，转股溢价率为 39.52%，估值水平相对较高。软件内容创作存量标的如表 4-1 所示。

表 4-1　软件内容创作存量标的

名称	主体信用评级	债券余额/亿元	收盘价/元	转股溢价率	相关产品或业务
宝通转债	AA−	5	159.2	0.1324	公司的主营业务为工业互联网和移动互联网，主要产品有 IOT 接入平台、云通信平台、VR/AR/MR 软件平台服务等
游族转债	AA	6.83	118.97	0.4812	公司主营业务包括移动游戏和网页游戏的研发、发行和运营，公司深耕卡牌和 SLG 赛道，正在运营的游戏超 30 款
万兴转债	A+	3.79	127.1	0.3952	公司是一家主要从事消费类软件研发、销售及提供相应技术支持服务的高新技术企业，主要产品为创意类软件产品

2. 硬件交互接口存量标的

硬件交互接口：VR 产业链存量标的数目较多。随着 5G 加速商用、VR 硬件性能优化迭代加速，产业应用渗透普及，虚拟现实产业正处于高速发展状态。根据 IDC 数据，2021 年全球 VR 出货量约为 837 万台，同比增长 50.80%，预计 2025 年全球 VR 出货量预计为 2867 万台，5 年复合增长 38.86%。根据广发电子团队观点，元宇宙概念可能驱动 VR 产业链加速进入拐点期，市场规模快速扩大为供应链带来发展红利。

在硬件交互接口板块，元宇宙相关标的基本处于 VR/AR 等相关产业链条，主要包括联创转债、长信转债、利德转债、聚飞转债、韦尔转债、隆利转债、创维转债、岭南转债以及声学领域的瀛通转债等。其中，联创转债和长信转债均与 Facebook 在 VR 领域具有合作关系，而创维转债具有终端 VR 产品，且绝对价格相对较低，具有一定配置价值。

联创转债是国内知名光学镜头提供商，主要产品为光学镜头、摄像模组及触控显示一体化等，可配套应用于消费电子、运动相机、智能驾驶、VR/AR 等领域。根据公司 2021 年中报，公司车载镜头产品已批量供货 Tesla、蔚蓝等整车厂商，以及 Valeo、Conti、Aptiv、ZF、Magna、恒润等汽车电子厂商。

元宇宙相关业务方面，公司设立了专门机构"虚拟现实关键光学和光电组件技术创新团队"从事 VR/AR 研究。公司已向 Magic Leap 供应相关镜头产品，且与 Facebook 也有全景镜头的合作。在 AR/VR 产业领域，公司也拥有几何光波导、超薄镜头等成熟技术。

业绩方面，公司 2021Q1～Q3 共实现营业收入 71.21 亿元，同比增长 25.89%；归属母公司股东的净利润 1.88 亿元，同比下降 10.24%。

转债方面，截至 2021 年 11 月 9 日，联创转债主体评级为 AA，绝对价格为 170.96 元，转股溢价率为 11.75%。

长信转债主营业务涵盖汽车电子、超薄液晶显示面板、消费电子、ITO 导电玻璃等板块。元宇宙相关业务方面，根据公司 2021 年中报，公司 VR 显示模组业务布局较早，通过自主研发的 AOI 相机自动视觉检测技术，可使得 AOICCD 像素达到了 120M，实现 3D 眼镜虚拟亮度对比检测及管控 0.07mm 自动识别。根据公司 2021 年 10 月 25 日在互动平台回复，公司主要研发以 Quest2 技术路径和形态为主的 VR 头显，为 Facebook 提供最新款 VR Quest2 显示模组，并在此基础上进一步研发搭载 microled 的高世代 VR 头显模组，同时也为国内头部 VR 厂商提供头显模组。

业绩方面，公司 2021Q1～Q3 共实现营业收入 50.82 亿元，同比增长 1.84%；归属母公司股东的净利润为 7.99 亿元，同比增长 0.35%。

转债方面，截至 2021 年 11 月 9 日，长信转债主体评级为 AA，绝对价格为 218.75 元，转股溢价率为 17.54%。

利德转债是全球 LED 显示龙头，主营业务主要涵盖智能显示、夜游经济、文旅新业及 VR 体验等板块。元宇宙相关业务方面，公司主要涉足 VR 体验业务。公司以 NP 公司的红外光学动作捕捉技术为基础，为客户提供 Optitrack 动作捕捉产品，以及基于动作捕捉技术的行业解决方案、城市空间业态、数字化影棚相关服务。

2021H1，NP 公司发布了 VR 产品 Motive3.0 测试版，操作更为简便，可追踪物体更丰富，同时新增连续校准、抗遮挡等功能。业绩方面，公司 2021Q1～Q3 共实现营业收入 58.34 亿元，同比增长 30.03%；归属母公司股东的净利润 5.21 亿元，同比增长 65.09%。

转债方面，截至 2021 年 11 月 9 日，利德转债主体评级为 AA+，绝对价格为 159.55 元，转股溢价率为 9.51%。

聚飞转债是国内背光 LED 封装龙头企业，主要产品包括背光 LED 和照明 LED，主要客户有海信电器、TCL、创维数码等。公司在深耕背光 LED 和照明 LED 的基础之上，还积极拓展车用 LED、Mini/MicroLED、不可见光等新兴领域业务。元宇宙相关业务方面，根据公司 2021 年 11 月 5 日在投资者互动平台的回复，公司背光 LED 产品和 Mini LED 产品可应用于 VR 等领域。

转债方面，截至 2021 年 11 月 9 日，聚飞转债主体评级为 AA–，绝对价格为 138.51 元，转股溢价率为 17.47%。

韦尔转债是全球领先的 CMOS 图像传感器供应商，主要产品包括 CMOS 图像传感器、硅基液晶投影显示芯片、微型影像模组封装等，已经广泛应用于消费电子、安防、汽车、医疗、AR/VR 等领域。元宇宙相关领域方面，公司在全球率先发布了 1M 分辨率传感器，研发的 CeleX 系列产品处于同行业领先水平，在 ARVR 领域可用于手势识别、人体追踪。此外，公司于 2021 年 11 月 9 日发布公告称，截至 11 月 5 日，公司控股股东一致行动人、董事、高级管理人员减持计划已完成。

转债方面，截至 2021 年 11 月 9 日，韦尔转债主体评级为 AA+，绝对价格为 156.54 元，转股溢价率为 24.40%，估值在资质相近品种之中处于相对较高水平。

隆利转债专注于整体背光显示模组业务，主要产品为中小尺寸 LED 背光显示模组，产品广泛应用于手机、平板、笔记本、AR/VR 等消费类产品领域，以及车载、工控、医疗等专业显示领域。公司 Mini-LED 背光技术在车载显示领域已与新能源汽车厂家、传统汽车厂家展开合作，部分产品已经实现小批量交付。元宇宙相关业务方面，根据公司 2021 年 9 月 25 日的回复，公司 VR 背光显示模组主要应用于 VR 眼镜，目前已经批量供货。

业绩方面，公司 2021Q1～Q3 共实现营业收入 14.50 亿元，同比下降 4.29%；归属母公司股东的净利润–1.13 亿元，同比下降 344.40%，但公司 Q3 亏损程度较 Q2 已有所收窄。

转债方面，截至 2021 年 11 月 9 日，隆利转债主体评级为 AA–，绝对价格为 183.26 元，转股溢价率为 19.61%。

创维转债和岭南转债具有终端 VR 相关业务。创维转债主要产品有数字智能机顶盒、智能网关、融合终端、VR 设备等。元宇宙相关业务方面，根据公司 2020 年年报和 2021 年 10 月 27 日互动平台回复，公司是 VR 硬件终端提供商和内容平台服务方，于 2020 年研发了 V601 短焦 VR 眼镜和 S802 高性价比 VR 一体机，目前已有 VR+教育/医疗/游戏/体育/直播等领域业务在全国落地。同时，公司的 VR 业务中标中国移动 2021 年云 XR 终端高清视频技术软件研发项目。此外，公司在"北京冬奥"专项课题《VR 交互式智能终端和系统》中，主要负责 VR 头显技术的攻坚，包括 VR 视频自适应传输系统、超短焦 VR 眼镜等。业绩方面，公司 2021Q1～3 共实现营业收入 76.22 亿元，同比增长 28.38%；归属母公司股东的净利润 2.69 亿元，同比下降 4.30%。

转债方面，截至 2021 年 11 月 9 日，创维转债主体评级为 AA，绝对价格为 109.58 元，转股溢价率为 56.21%，转债绝对价格较为温和，具有一定配置价值。

岭南转债专注于沉浸式游乐设备系统业务，主要面向主题乐园、旅游景区、科博场馆等，主要产品包括飞翔球幕、轨道骑乘、影院剧场等室内外互动体验设备，如沉浸式全球幕影院、720RIDER、VR 虚拟现实影院、VR 地震小屋、VR 魔椅等。转债方面，截至 2021 年 11 月 9 日，岭南转债主体评级为 AA−，收盘价为 100.67 元，转债价格处于市场绝对低位。

此外，在声学领域，瀛通转债是一家专业从事声学产品、数据线及其他产品的厂商，产品主要应用于消费电子领域，并稳步推进声学、传输技术在 VR、无线充电、汽车、医疗、安防等各类领域的应用。公司主要客户有 Apple、小米、松下、漫步者等。

元宇宙概念方面，根据 2021 年 9 月 10 日公司互动平台回复，瀛通转债已经推动全景声空间音频技术、50mm 远距离无线充电、PD 快充数据线等技术及产品在虚拟现实、增强现实领域的应用，提升元宇宙游戏或应用的沉浸感。2021H1，骨声纹降噪系统已在产品中批量出货，全景声空间耳机则处于研发阶段。

转债方面，截至 2021 年 11 月 9 日，瀛通转债主体评级为 AA−，绝对价格为 105.36 元，绝对价格处于市场较低位置。硬件交互接口存量标的如表 4-2 所示。

表 4-2　硬件交互接口存量标的

名称	主体信用评级	债券余额/亿元	收盘价/元	转股溢价率	相关产品或业务
联创转债	AA	3	170.96	0.1175	公司主营业务为 LED 显示技术开发及 LED 显示产品的生产及服务，主要产品为智能手机、运动相机、VR/AR 等配套的光学镜头

续表

名称	主体信用评级	债券余额/亿元	收盘价/元	转股溢价率	相关产品或业务
长信转债	AA	2.57	218.75	0.1754	公司专业从事平板显示真空薄膜材料的研发、生产、销售和服务，主要产品有高端 LCD 手机触控显示模组、智能可穿戴模组等
利德转债	AA+	7.99	159.55	0.0951	公司主营业务为视听产品的研发、设计、生产、销售及安装的高新技术企业，主要产品有 LED 显示屏、激光投影产品等
聚飞转债	AA–	3.75	138.51	0.1747	公司主营业务为 SMD LED 器件的研发、生产与销售，主要产品有背光 LED 产品和照明 LED 产品等
韦尔转债	AA+	24.34	156.54	0.244	公司主营业务为半导体产品设计业务和半导体产品分销业务，主要产品有 CMOS 图像传感器、微型影像模组封装等
隆利转债	AA–	1.48	183.26	0.1961	公司主营业务为 LED/CCFL 背光源研发、生产和销售，主要产品为中小尺寸 LED 背光显示模组
创维转债	AA	9.78	109.58	0.5621	公司主营业务为提供宽带网络连接、超高清终端呈现及行业应用综合解决方案，主要产品有数字智能机顶盒、智能网关、VR 设备等
岭南转债	AA–	6.59	100.67	0.9012	公司三大核心业务为生态环境建设与修复、水务水环境治理、文化旅游，子公司恒润集团专注于沉浸式游乐设备系统业务
瀛通转债	AA–	3	105.36	0.9142	公司深耕大声学、大传输领域，主要产品包括声学产品、电源及数据传输产品，以及相关产品的精密零组件

3. 数据中心存量标的

底层算力及基础设施涉及领域较为广泛，理论上 5G、AI、物联网、云计算等领域均有转债涉及，在此我们主要聚焦于数据中心以及泛区块链领域的转债。其中，数据中心方面，UDC 领域的海兰转债的关注价值相对较高。

海兰转债主营业务涵盖海洋观探测仪器系统、智能船舶系统、UDC 等领域。元宇宙相关业务方面，公司 UDC 作为算力的物理载体，可为实现元宇宙提供支撑。根据公司 2021 年 11 月 3 日互动平台回复以及 2021 年 11 月 5 日投资者关系活动表，国内目前只有海兰信在进行 UDC 商业化。

业绩方面，公司 2021Q1～Q3 共实现营业收入 5.72 亿元，同比增长 17.85%；归属母公司股东的净利润 0.09 亿元，同比下降 74.48%。

转债方面，截至 2021 年 11 月 9 日，海兰转债主体评级为 AA−，绝对价格为210.00 元，转股溢价率为 7.36%。

而在 IDC 领域，存量标的主要有太极转债、城地转债、佳力转债以及宁建转债等。数据中心存量标的如表 4-3 所示。

表 4-3　数据中心存量标的

名称	主体信用评级	债券余额/亿元	收盘价/元	转股溢价率	相关产品或业务
UDC					
海兰转债	AA−	6.07	210	0.0736	公司主要从事航海电子科技产品和系统的研发、生产、销售和服务，主要产品包括海底数据中心、船舶远程监控管理系统等
IDC					
太极转债	AA	9.6	142.62	0.0749	公司主营业务提供信息系统建设和云计算、大数据等相关服务，具备增值电信业务中互联网数据中心业务资质，主要产品有云计算中心等
城地转债	AA−	12	91.45	2.0103	公司目前主要聚焦数据中心全生命周期服务，形成"IDC 设备与解决方案+IDC 系统集成+数据中心运营服务"三大板块协同发展的业务布局
佳力转债	AA−	3	109.95	0.8896	公司专注于数据机房等精密环境控制技术的研发，主要产品为精密空调设备及冷水机组产品等
宁建转债	AA	5.4	105.35	0.4369	公司主营业务为房屋建筑工程施工、勘察、设计、安装等，2019 年参股中经云，主营 IDC 及增值服务

4. 区块链存量标的

在区块链、边缘计算等领域，存量标的主要有思特转债、久其转债等。

思特转债是国内领先的电信运营商核心业务系统软件厂商，公司多项业务与元宇宙底层架构及基础设施存在一定关联。根据公司 2021 年中报，2021H1，在云服务领域，公司在云原生的基础上，推出了新一代的云 BSS 系统，并完成了系统入云的割接工作；在 5G 领域，公司深化研发优化 5G 业务运营支撑平台、5G政企运营平台、5G 智能营销等产品，并通过对云原生架构的持续研究和应用；在物联网领域，公司完成了工业互联网边缘计算网关的研发，支持复杂智能运算存储和安全管控的工业边缘计算网关；在 AI 领域，公司推出了认知智能平台与国内第一款认知搜索应用构建的认知智能产品，在全国 30 多个省份落地；在区块链领域，公司掌握全套区块链技术，主要落地场景包括商品数据管控平台、数据一致性平台、数据溯源场景。

业绩方面，公司 2021Q1～Q3 共实现营业收入 5.05 亿元，同比增长 53.73%；归属母公司股东的净利润–0.27 亿元，同比下降 18.75%。

转债方面，截至 2021 年 11 月 9 日，思特转债主体评级为 AA–，绝对价格为 134.08 元，转股溢价率为 41.12%。

久其转债软件区块链相关产品主要有区块链供应链金融保理业务系统、区块链供应链金融管理后台系统和区块链供应链金融融资管理系统等。区块链存量标的如表 4-4 所示。

表 4-4　区块链存量标的

名称	主体信用评级	债券余额/亿元	收盘价/元	转股溢价率	相关产品或业务
思特转债	AA–	2.08	134.08	0.4112	公司是一家致力于电信行业的软件开发和服务提供商，主要产品和服务包括新一代智慧中台、容器云、云计算等
久其转债	A+	7.79	103.29	0.6781	公司目前主营管理软件和数字传播两大板块业务，包括久其云计算、久其大数据技术平台、久其大数据精准营销、久其大数据咨询等业务领域

玩转元宇宙

元宇宙的玩转跑道除了游戏、VR、Metahuman、社交、区块链之外，还有图书馆、教育、农业等。图书馆的知识将抛弃枯燥难懂的特点，以一种更加深入浅出、更为普通大众容易接受的方式呈现出来；元宇宙教育将实现沉浸式在线教育模式，实现情境与课程紧密联系，如对于历史、生物、物理、化学等课程都有非常完美的情景结合效果；元宇宙技术能有效整合地理信息系统、遥感技术、卫星定位系统，从而获得农产品最佳布局方式，科学管理与统一调配农业生产的全部环节与过程，实现元宇宙与农业的完美结合。

第5章 元宇宙发展的风险和机遇

5.1 为什么元宇宙会在今天备受关注?

对元宇宙关注度的提升一方面基于人们对娱乐体验和生产生活效率提升的需求,另一方面则是包括 5G、AI、区块链技术和 VR/AR 显示技术的可实现度越来越高。而 2020 年的疫情无疑是加速器,人们的生活场景从线下更多转移到线上,这种"被迫"的转变反而让大家对于未来元宇宙的雏形产生了更多的思考、讨论和关注。

纵观过往信息技术和媒介的发展历程,人类不断改变认知世界的方法,乃至到后来,开始有意识地改造和重塑世界。从报业时代、广播电视到互联网时代、移动互联网时代,元宇宙概念下的工具和平台日益完备,通往元宇宙的台阶逐渐清晰。2020 年以来,各国互联网巨头围绕 VR/AR、云技术和区块链等前沿科技展开紧密布局,通往元宇宙终极闭环生态的大门在一点点打开。

移动互联网红利逐步消退和加强反垄断监管的背景下,互联网巨头开始进入投入期,蓄力布局未来,元宇宙有望成为互联网行业发展的下一阶段。更进一步,我们认为,元宇宙不止是下一代互联网,更是未来人类的生活方式。互联网巨头布局元宇宙领域的情况以及元宇宙缘起流程分别如表 5-1 和图 5-1 所示。

表 5-1 互联网巨头布局元宇宙领域的情况

公司	布局情况
腾讯	社交:微信、QQ;游戏:Roblox、Epic Games 等;内容:腾讯泛文娱产业链;基础设施:微信支付、腾讯云、腾讯会议等
Meta	VR 设备:Oculus;VR 社交平台:Horizon;加密货币:Libra;社交:Instagram、WhatsApp、Facebook
Google	基础设施:谷歌云、安卓平台;游戏:Stadia;内容:YouTubeVR 等
NVIDIA	基础设施:Omniverse 开放式平台,显卡,算力平台
Epic Games	游戏:《堡垒之夜》;基础设施:虚幻引擎;投入:融资 10 亿美元布局

续表

公司	布局情况
字节跳动	社交：抖音；游戏：朝夕光年、Ohayoo、代码乾坤；基础设施：巨量引擎、飞书等
米哈游	游戏：《原神》，人工桌面；社交：投资 TapTap、Soul；基础设施：与瑞金医院合作脑机接口

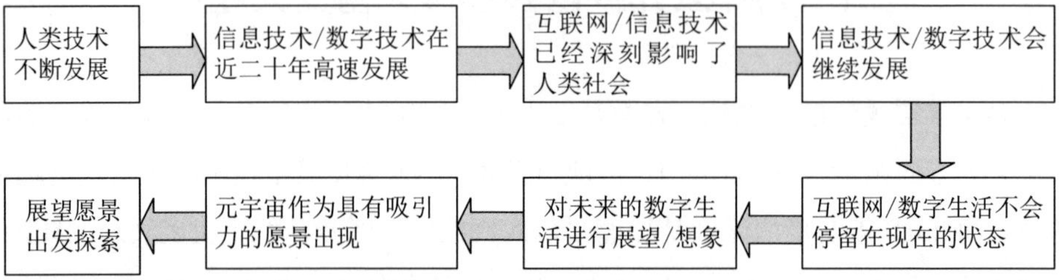

人类技术不断发展 → 信息技术/数字技术在近二十年高速发展 → 互联网/信息技术已经深刻影响了人类社会 → 信息技术/数字技术会继续发展

展望愿景出发探索 ← 元宇宙作为具有吸引力的愿景出现 ← 对未来的数字生活进行展望/想象 ← 互联网/数字生活不会停留在现在的状态

图 5-1　元宇宙缘起流程

参照现实世界，我们可以总结出构成元宇宙的五大要素：人（生产力）、人的关系（生产关系）、社会生产资料（物料）、交易（经济、法律关系）、环境和技术生态体系。元宇宙是对这五大要素的充分改造和构建，最终形成能够映射现实且独立于现实、可回归宇宙本质的存在。元宇宙将由跨越国界和边界的不同公司与组织打造，是建立在开放原则基础上有互操作性和可携带性的模拟世界。元宇宙既相通又独立，既虚拟又现实，这样的魅力引发人们更加密切的关注和探索。元宇宙的五大要素如图 5-2 所示[53-54]。

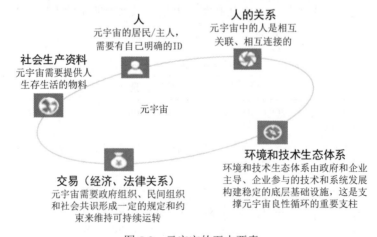

图 5-2　元宇宙的五大要素

各方观点不一，但有一定共性。比如，Facebook 认为，"元宇宙是一个跨越许多公司、涵盖整个行业的愿景，可视之为移动互联网的升级版，能够让人们更自然地参与互联网"；著名投资人 Matthew Ball 认为，"元宇宙中有一个始终在线的实时世界，有无限量的人们可以同时参与其中，最终将有完整运行的经济，是跨越实体和数字的世界。"我们通过梳理和分析，归纳出元宇宙如下 5 个特点，其终极形态需要充分满足以下任意一点。

（1）虚拟身份（每个现实世界的人将有一个或多个元宇宙 ID，并对其负责）。

（2）社交关系（各元宇宙 ID 之间将产生具有现实感的真人社交关系）。

（3）极致在场感（低延迟和沉浸感保证现实世界的人能有充足的在场感）。

（4）极致开放性（现实世界的人能在任何地点任何时间进入，进入后可享用海量内容）。

（5）完整的经济法律体系（整个元宇宙安全性和稳定的保证，延续元宇宙衍生出的文明）。

人类追求世界的本质是永恒的主题。技术的演进和人的需求升级是交替前行的：需求端是否强烈、是否持续存在，对应着供给端提供的解决方案和生态是否足够繁荣，决定着行业是否可升级、新的生产生活和娱乐方式是否有持续突破的可能性。

供给端：技术条件日益成熟，产业政策稳步支持。5G 基站的领先部署、《国家信息化发展战略纲要》及区块链落实到各省市的应用办法无一不体现着云计算、5G、区块链和 VR/AR 等技术日新月异的发展，为推动元宇宙做足底层基础设施准备。

需求端：娱乐和社交方式迎来新的突破点，同时代际更迭，Z 世代重视精神娱乐消费并随着疫情催化已形成线上办公、学习和娱乐的习惯。

5.2　元宇宙给我们带来什么?

用户通过元宇宙可以获得涵盖游戏、社交、内容、消费以及拓展到更多的结合线上线下的一体化的生产、生活体验，步入千行百业数字化的全真互联网时代。

5.2.1　发掘价值

元宇宙所带来的虚拟世界中，随着现实世界中各类型客观条件限制减弱或消失，每个个体有希望在其中重新发掘和实现自我价值。

例如：建筑设计师无须再受困于住宅设计的种种限制，可以去创作表达自己想要创作的建筑。

5.2.2　创造价值

元宇宙一方面在逐步逼近过程中会带来多行业的技术积累和突破，另一方面也会在元宇宙产生新的行业、社会运转模式等，为人类带来新的总量经济。

例如：元宇宙中的消费品，可能是现实世界中的消费转移/放大，也有可能是源生于元宇宙中的全新消费品类。

5.2.3　扩大价值

随着元宇宙所带来社会运转效率的提升，以及虚拟世界中对现实行业的重现，个体能够扩大自身价值。

例如：艺术家的画作在现实世界和虚拟世界中同时拥有价值。

5.2.4　提供价值

元宇宙能带来虚拟世界与现实世界的高度融合，能够进一步提升社会运转效率，有望深刻改变人类各行业的交互方式。

例如：3D 虚拟办公解决方案，有望缓解通勤、人口聚集、商务拜访、语言等诸多问题，提高社会运转效。

5.3　元宇宙的未来发展路径

站在今天这个时点展望，粗略地以 10 年作为一个周期去展望未来元宇宙的发展，我们认为会有几个关键阶段。

第一阶段是近 10 年，元宇宙概念将依旧集中于社交、游戏、内容等娱乐领域，其中，具有沉浸感的内容体验是这个阶段最为重要的形态之一，并带来较为显著的用户体验提升。软件工具上分别以 UGC 平台生态和能构建虚拟关系网的社交平台展开，底层硬件支持依旧离不开今天已然普及了的移动设备，同时，VR/AR 等技术逐步成熟，有望成为新的娱乐生活的载体。

第二阶段将发生在 2030 年左右，元宇宙的渗透主要发生在能提升生产生活效率的领域。以 VR/AR 等显示技术和云技术为主，全真互联网指导下的智慧城市、逐步形成闭环的虚拟消费体系、线上线下有机打通所构成的虚拟化服务形式以及更加成熟的数字资产金融生态将构成元宇宙重要的组成部分。

第三阶段，元宇宙终局形成，也许是在 2050 年。这其实是开放式命题。尽管目前各项前沿技术在快马加鞭，人类需求的升级节奏不断加快，一定程度上都加速了元宇宙的进度，但不确定性依旧很多。就好比站在 20 世纪末的我们，也不会想象到 30 年后人手一台手机、无纸化办公、开放式社交和数字化购物已经实现。元宇宙发展的 3 个阶段如图 5-3 所示。

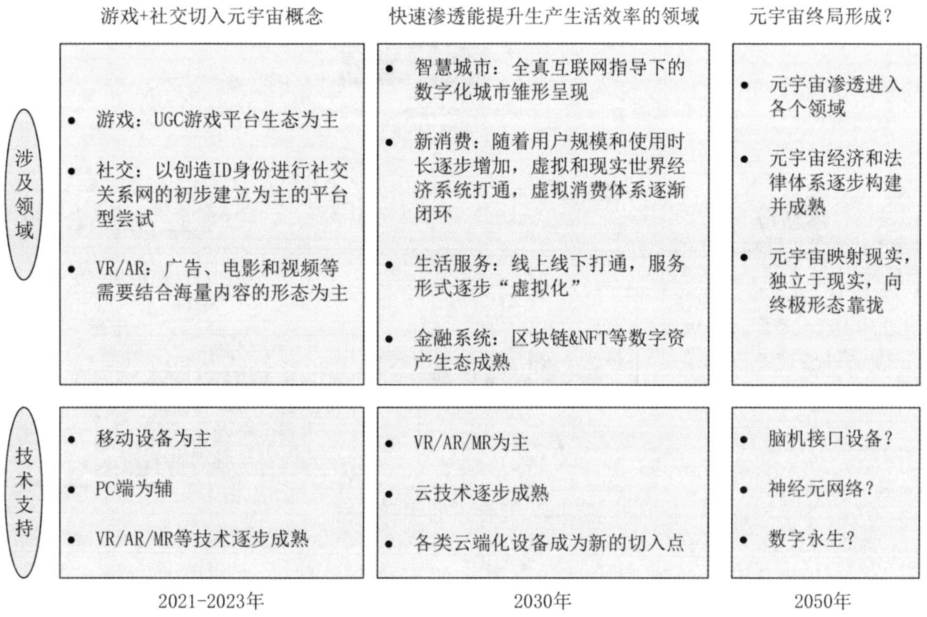

图 5-3　元宇宙发展的 3 个阶段

元宇宙的终极形态将会是开放性和封闭性的完美融合。就像 iOS 和 Android

可以共存一样，未来的元宇宙不可能一家独大，但也不可能没有超级玩家。超级玩家会在封闭性和开放性之间保持一个平衡，这种平衡有可能是自愿追求的，也有可能是国际组织或政府强制要求的。因此，我们倾向于认为未来的元宇宙会是一个开放与封闭体系共存甚至可以局部连通、大宇宙和小宇宙相互嵌套、小宇宙有机会膨胀扩张、大宇宙有机会碰撞整合的宇宙，就像我们的真实宇宙一样。元宇宙终局将由多个不同风格、不同领域的元宇宙组成更大的元宇宙，用户的身份和资产原生地跨元宇宙同步，人们的生活方式、生产模式和组织治理方式等均将重构。这个全量版元宇宙将会承载更大的商家价值，就中国市场而言，也许会出现新的超级玩家，同时新的创业公司也会在细分领域崭露头角、百花齐放。元宇宙的终极形态如图 5-4 所示。

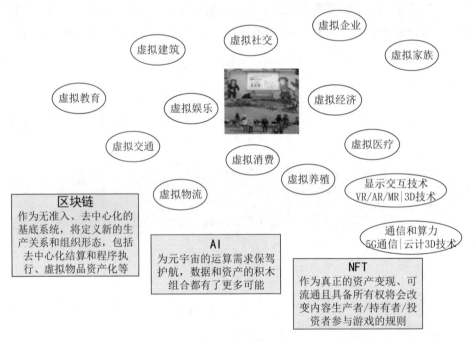

图 5-4　元宇宙的终极形态

未来的终局远比我们想的复杂，最大的不确定性风险在于政府监管和法制文明。理想中的元宇宙应该是底层开放互通的平台，无边界、无国界，不归属任何单一公司，但距离终局显然道路漫长。

虽然今天很多国家的政府对于元宇宙的理解还非常初级，但可以预见，随着元宇宙的发展，未来一定会产生一系列与国家、社会、法治和文明相关的问题和挑战，元宇宙在给监管者提出难题的同时也会因为监管者的应对而不得不面对自身发展的难题。在这个过程中，相关的法律法规会逐步完善，各国政府的监管能力会逐步提升，国际间的合作与协同会逐步加强，监管者、平台提供者、价值创造者和使用者的责任权利会逐步清晰。这个元宇宙与真实世界碰撞博弈的过程，也是元宇宙成长成熟的过程。

5.4　现阶段投资机遇

尽管面临诸多挑战和不确定性，我们依然判断人类的数字化生存是一条不可逆的单行线，游戏和社交可能是数字化生存的起点，但绝非终点。未来，人的娱乐、生活、工作持续数字化，千行百业的企业级数字化亦刚刚拉开帷幕。元宇宙很可能是继互联网之后，下一个在中长期改变人类生活的聚合创新，带来以 10 年为单位的投资机遇。当前时间点，我们很难给出元宇宙的短期受益投资标的，但中长期，我们看好由此带来的相关领域投资机会，如 NVIDIA、Epic、Unity、Tesla、腾讯、字节跳动、米哈游、Facebook、Apple、Microsoft、亚马逊、谷歌、阿里巴巴、Roblox、百度、小米等公司。同时，我们也注意到，在一级市场上，还有更多年轻公司在相关领域进行创新和尝试，这些公司亦可能在未来登录资本市场，带来投资机会。元宇宙产业重点关注方向如图 5-5 所示。

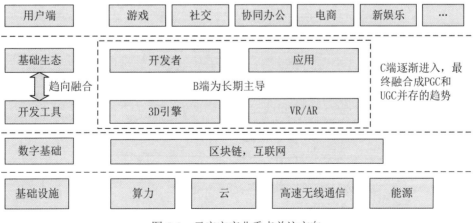

图 5-5　元宇宙产业重点关注方向

在通往元宇宙终极图景的路上，会有层出不穷的商业化探索和尝试，受当时技术进展的约束，元宇宙初期雏形产品往往争议较大，商业化效果具有较强不确定性；基于区块链、NFT等数字资产和经济体系的建立，当前仍与数字货币价格相关，可能面对币值波动和各国监管的风险；AI、图形引擎、高速无线充电乃至电池等技术都有可能影响元宇宙发展进程，相关技术进程亦具有不确定性；从互联网公司主导的PGC封闭世界，到消费者大量参与的PUGC数字开发，互联网平台亦有可能面临更迭和挑战；元宇宙和数字世界对于电力能源的消耗，需要更多可持续能源和储能基础设施，亦给未来能源结构带来挑战；元宇宙可能产生垄断现象，以及涉及数字货币等相关制度、法律尚不完善的领域，存在政策或监管风险；行业竞争加剧风险等。

玩转元宇宙

　　元宇宙的机遇与价值需要不断发掘，在应急管理、工业生产、电力系统等领域，元宇宙仍然有很多应用价值。

第 6 章　普通人如何参与元宇宙发展？

6.1　我们距离元宇宙还有多远？

根据腾讯 CEO 马化腾在《三观》序言中所述，目前从实时通信到音视频等一系列技术已经准备好，计算能力快速提升，推动信息接触、人机交互的模式发生更加丰富的变化，VR 等新技术、新的硬件和软件在不同场景下的推动，即将迎来下一波全真互联网的升级。我们认为，当前技术条件仍然是步入元宇宙时代的门槛，未来在通信和算力、交互方式、内容生产、经济系统和标准协议等领域的突破将陆续拉近与元宇宙时代的距离。从 PC 网络到应用生态再到元宇宙的技术演变如图 6-1 所示。

1980网际网络　2000电子商务　2010移动互联　2020应用生态　2040元宇宙

图 6-1　从 PC 网络到应用生态再到元宇宙的技术演变

6.1.1　交互方式

从 2019 年起，随着光学技术的迭代、网络环境升级、产品体验升级同时性价比提升，以及热门 VR 内容的推出，VR/AR 行业重回增长快车道。VR/AR 的成长路径如图 6-2 所示。

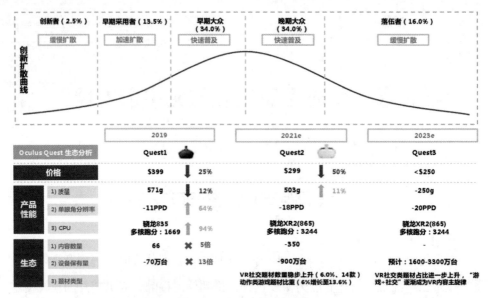

图 6-2 VR/AR 的成长路径

6.1.2 通信和算力

我们认为，随着 5G 渗透率的不断提升，网络传输速率和质量有望得到进一步提升，更多企业级和消费级次世代应用创新将有望落地，其中云游戏将作为 5G 时代的"杀手级"应用率先大范围落地。随着通信和算力技术的不断提升，元宇宙的技术门槛将不断降低，同时实现更大范围的渗透有望成为可能，并且进一步提升用户的沉浸式使用体验。云计算更加契合元宇宙需求和 5G 十大应用场景图分别如图 6-3 和图 6-4 所示。

（1）云 VR/AR：实时计算机图像渲染和建模。

（2）车联网：远控驾驶、编队行驶、自动驾驶。

（3）智能制造：无线机器人云端控制。

（4）智慧能源：馈线自动化。

（5）无线医疗：具备力反馈的远程诊断。

（6）无线家庭娱乐：超高清 8K 视频和云游戏。

（7）联网无人机：专业巡检和安防。

（8）社交网络：超高清/全景直播。

（9）个人 AI 辅助：AI 辅助智能头盔。

（10）智慧城市：AI 使能的视频监控。

图 6-3　云计算更加契合元宇宙需求

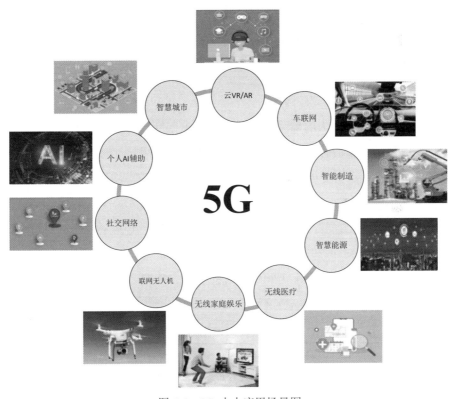

图 6-4　5G 十大应用场景图

6.1.3　数字孪生

数字孪生技术两大关键点：物理实体和虚拟模型之间的双向连接；连接基于

实时数据。数字孪生六大关键技术如图 6-5 所示。

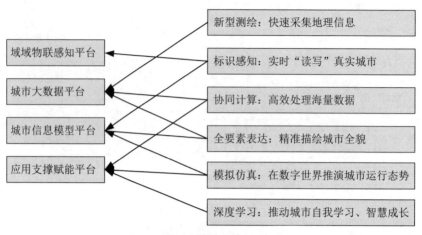

图 6-5   数字孪生六大关键技术

6.1.4   内容生产

对于元宇宙这样庞大的体系来说，内容的丰富度将会远超想象，并且内容将会是以实时生成、实时体验、实时反馈的方式提供给用户，对于供给效率的要求将远超人力所及，需要更加成熟的 AI 技术赋能内容生产，实现所想即所得，降低用户内容创作门槛。

通过深度/强化学习，AI 在模拟人类思维领域已经取得突破。根据 MIT Technology Review 对于 2021 年度突破性技术的评价，我们认为其中两种 AI 领域的突破性应用将有望解决元宇宙领域发展的痛点，并推动元宇宙的发展。AI 技术相关研究如表 6-1 所示。

表 6-1   AI 技术相关研究

技术名称	简介	主要研究者
GPT-3	一种学习人类语言的大型计算机模型，利用深度学习的算法，通过数千本书和互联网的大量文本进行训练，将单词和短语串在一起，最终能够模仿人类书写文本，达到较高逼真程度	OpenAI、Google、Facebook
多技能 AI	同时获得人类智能的感官和语言的"多模态"系统，能解决更加复杂的问题，让机器人能够实现与人类真正意义上交流和协作	艾伦人工智能研究所、北卡罗来纳大学、OpenAI

6.2　展望元宇宙的格局演进

我们将元宇宙的发展格局演进分为 3 个阶段：

未来 5～8 年，随着技术端的不断发展，我们预计各大互联网巨头公司和一些专注于游戏、社交的头部公司将发展出一系列独立的虚拟平台。

预计 2030 年前后，随着泛娱乐沉浸式体验平台已经实现长足发展，元宇宙将基于泛娱乐沉浸式体验平台的基础向更多的体验拓展，我们预计部分消费、教育、会议、工作等行为将转移至虚拟世界，同时随着虚拟世界消费行为不断升温，并随着数字人民币等数字货币和基于 NFT 的数字信息资产化，经济系统开始建立，随之带动部分虚拟平台间实现交易、社交等交互[55]。

预计 2030 年后，各个虚拟平台将作为子宇宙，逐渐形成一套完整的标准协议，实现各子宇宙的聚合并形成真正意义上的元宇宙；这些子宇宙依然保持独立性，只是通过标准协议将交互、经济等接口统一标准化，实现互联互通，元宇宙由此进入千行百业的数字化的全真互联网阶段。元宇宙发展方式展望如表 6-2 所示。

表 6-2　元宇宙发展方式展望

时间	发展趋势	发展方式
未来 5～8 年	➢ 我国 5G 渗透率达到 80%； ➢ 云游戏、XR 技术实现成熟应用； ➢ 以腾讯为代表的顶级游戏厂商在次世代游戏取得突破； ➢ 实现 AI 辅助内容生产； ➢ 中国、美国等主要经济体已经出现多家结合游戏、社交和内容的沉浸式体验平台，且渗透率有望突破 30%	➢ 各大互联网巨头公司和一些专注于游戏、社交的头部公司将发展出一系列独立的虚拟平台； ➢ 预计将以游戏+社交+内容的泛娱乐形式为主
2030 年前后	➢ 元宇宙将向更多的体验拓展，预计部分消费、教育、会议、工作等行为将转移至虚拟世界； ➢ 随着数字人民币等数字货币和基于 NFT 的数字信息资产化，经济系统开始建立； ➢ 随之带动部分虚拟平台间实现交易、社交等交互	➢ 技术上 5G 实现 90% 以上覆盖； ➢ 虚拟现实技术实现更多感官信息传导； ➢ 初步实现 AI 内容生产； ➢ 虚拟平台平台从泛娱乐向更多行业拓展，同时平台的渗透率和使用时长进一步提升，其中渗透平有望突破 50%； ➢ 虚拟平台经济系统建立，并实现部分平台交互

续表

时间	发展趋势	发展方式
2030 年后	各个虚拟平台（子宇宙）间将逐渐形成一套完整的标准协议，实现各个子宇宙的聚合并形成真正意义上的元宇宙	各个赛道将涌入元宇宙体系，打通虚拟和现实的边界

玩转元宇宙

　　元宇宙绝不仅仅是大企业和高级玩家所独有的玩物，它需要社会每个人共同参与其中，每个人都是元宇宙的一个个体，共同成为元宇宙的细胞，丰富元宇宙的机体。

第 7 章　元宇宙在不同行业的应用

7.1　视频会议需要元宇宙

7.1.1　提升沉浸式游戏体验并非当务之急

视频会议是急需元宇宙提升体验的场景。2020 年全球新冠疫情以来，居家办公、在线会议已经成为大部分上班族的被迫选择。但是，居家办公的效率显然没有集中办公高，线上会议的交流效果也远远不如线下。

经常调研的人就能体会到现场调研和线上调研的区别，这种差别与线下演唱会和线上演唱会的区别一样。

2020 年 HTC 举办的 V2EC 开发者大会就采取了一种与众不同的活动形式。HTC V2EC 开发者大会在 VR 协作平台 Engage 上展开，有超过 1000 人使用 HTC Vive VR 头显参与大会。

还有，去足球世界杯现场看比赛和线上看赛事直播也是完全不同的用户感受。2018 年世界杯，央视尝试用 VR 方式尽可能带给观众现场看球赛的体验。

所以，需要用元宇宙的方式补偿线上的缺失。如果用元宇宙补偿之后的线上会议能够传递声音、图像以外的信息，那么线上会议与线下的差别就缩小了。

元宇宙时代，虚拟与现实的区分将失去界限和意义。元宇宙将以虚拟融合的方式深刻改变现有社会的组织与运作。

当然，元宇宙的虚拟生活不会替代现实生活，而会形成虚拟二维的新型生活方式。例如，增加虚拟的社会关系，催生线上线下一体的新型社会关系。元宇宙的虚拟现实补偿如表 7-1 所示。

表 7-1　元宇宙的虚拟现实补偿

时代	技术	人的感觉	
古代	文学、绘画、戏剧	绘声绘色	沉浸感 参与感 补偿感
近代	电影	视听造梦	
现代	VR	如临其境	
未来	元宇宙	生活其中	

7.1.2　元宇宙中视频会议需要硬基建支持

电子元器件是构建元宇宙视频会议硬件的基础。基础设施层包括支持我们的设备、将它们连接到网络并提供内容的技术。5G 网络将显著提高带宽，同时减少网络争用和延迟。6G 将把速度提高到另一个数量级。

元宇宙的技术底座如图 7-1 所示。

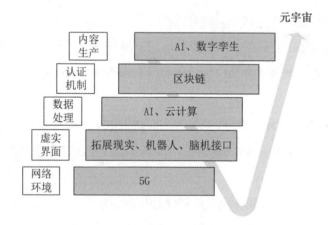

图 7-1　元宇宙的技术底座

7.2　VR 新场景应用扩张值得关注

元宇宙概念爆火，区块链、VR 作为其"经济系统"和"入口"占比七成。Github 社区元宇宙研发热度高涨。Facebook 更名 Meta，全面转向元宇宙，引发各界关注。Github 社区的元宇宙开源项目迎来爆发式增长，2021Q3 新建项目数量为102，同比增长827%，环比增长252%。

VR 技术是元宇宙的研发重心。据邢杰等人在《元宇宙通证》中的分析，元宇宙六大支撑技术分别为区块链技术、交互技术、电子游戏技术、AI 技术、网络及运算技术和物联网技术，其中交互技术的核心在于 VR 技术。统计 Github 社区的元宇宙技术研发项目，区块链技术和 VR 技术是研发重心，截至 2021Q3 项目数量分别为 47 和 28 个，占比分别为 45%和 27%。我们认为相关从业人员积极布局元宇宙，有望推动 VR 技术渐进式发展。

VR 研发热度趋于稳定，一体机/系留头显研发比例持续提升。Github 社区的 VR 项目研发情况有效反映产业发展变化。从研发热度看，2016 年 Q1 起，各季度新增 VR 项目数量快速向上，当年 VR 出货量提升显著；2017 年起，VR 研发热度下降而后趋至平稳，2017 年设备出货量同比下滑明显，而后趋于稳定增长。从研发内容结构看，2015 年底层引擎开发仍有较大比例，而后伴随 VR 出货量增加，应用层开发占比提升明显。应用层开发中，侧重应用于一体机/系留头显的应用设计语言相对网页内容开发占比提升，亦对应一体机/系留头显取代 VR 盒子成为主流。

VR 项目季度创建数量保持平稳，应用设计语言占比提升。自 2018 年 Q3 以来，每季度所创建的 VR 项目的数量呈现平稳波动趋势，每季度新增项目约 100 个。应用设计语言占比提升，表明一体机/系留头显占比仍有望进一步提升。

研发热度前瞻设备出货，Oculus 成为绝对主流。研发热度可前瞻设备出货情况。2019 年起，基于 Oculus 平台的研发热度占比开始逐步提升。2019 年 Oculus 项目占比 43%，同比提升 21%，2020 年 Oculus 出货量暴增。

Oculus 平台成为绝对主流。2021 年前三季度新增研发项目中，Oculus 占比 56%，成为绝对主流。此外，对比开发质量较优项目数量，基于 Oculus 平台的项目亦持续领先。

7.2.1　游戏仍为核心场景，医疗、会议及社交场景值得关注

从 VR 应用场景看，游戏持续为 VR 内容绝对主流。2015 年以来，游戏场景持续保持最高比例，基本保持 40%以上。2021 年，游戏场景研发项目占比为 43%，游戏仍是 VR 内容主导场景。

VR 场景有望不断丰富，医疗、会议及社交场景值得关注。2021 年前三季度

医疗、会议及社交 3 个场景的新建项目数量分别上升 133%、40% 及 30%，3 个场景项目数量自 2019 年保持稳定向上趋势。

VR 游戏研发热度保持平稳波动，游戏质量持续提升。2019 年以来，Steam 平台 VR 游戏研发热度逐步回暖，2021 年后趋于平稳，各季度新发游戏数量在 180 款左右，2021Q3 新发游戏 176 款，同比下降 15.4%。

Steam 平台新发布 VR 游戏质量持续提升。我们认为好评率大于 90% 的游戏体验优秀，质量精良。Steam 平台 2021 年前三季度好评率大于 90% 的高质量游戏占比为 53.5%，同比增加 19%。新发布游戏质量不断提升，玩家反馈逐渐好转，从而有效提高用户黏性，有望带动 VR 设备需求向上。

社交属性 VR 游戏更受青睐，多款著名 IP 游戏入场 VR。VR 游戏类别中，多人标签呈现主导，具备较强社交属性。从游戏内容供给角度，VR 游戏主要分布在动作、模拟和休闲类；从玩家角度，主要聚焦在多人、动作和开放世界等类别，其中多人游戏评论数占 54%，好评率为 88%，该类游戏具有较强社交属性和互动性，我们认为在游戏进一步丰富、体验改善后，有望出现更多爆款游戏从而推动 VR 产业发展。

头部游戏中，自带 IP 游戏入场有效牵引主机游戏玩家群体，加速 VR 产业发展。在评论数 TOP10 的游戏中，已经出现了多款高知名度 IP，如《古墓丽影》系列、《半条命》《战争雷霆》《收获日》等，对存量游戏玩家形成了有效的牵引。并且，《半条命》仅支持 VR 场景，好评率高达 98.58%，证明 VR 游戏逐步赢得玩家青睐。

7.2.2　VR 热度同比保持增加，用户兴趣亦有所提升

VR 视频发布数量保持同比上升趋势。2021 年 5 月以来，B 站各月 VR 相关视频发布数量同比增速持续为正且不低于双位数，其中 2021 年 6 月同比增速高达 127%。2021 年 10 月，B 站新发布视频数为 5637 条，同比增加 113%。视频供给数量的同比向上表明 VR 产品在消费者中热度提升。

消费者对 VR 的关注及好感有所提升。从 B 站用户对 VR 相关视频的互动及支持情况看，互动率及支持率从 2020 年 1 月起呈现波动下降趋势；直到 2021 年 6 月，互动率及支持率有所提升。用户对 VR 视频的互动率及支持率相对提升，

体现了用户对 VR 产品兴趣有所提升。

VR 持续获得更多消费者认知,用户黏性初现向好。从 B 站每月新增评论用户角度看,2020 年 1 月—2021 年 10 月共计 64 万用户在 VR 相关视频下发表评论,平均每月新增 29106 名用户。此外,2020 年 9 月起,VR 相关视频新用户数量呈现向上趋势,这说明在平台的推动与厂家持续营销下,VR 正在被更多消费者认知。

B 站用户黏性初现向好。在当前月度下,我们将前 12 个月的 B 站评论用户视为老用户,从而计算当前月份老用户比例,用以观察 VR 在消费者群体中的黏性。2021 年 10 月 B 站老用户占比为 27%,环比提升明显,用户黏性初现向好趋势。

7.3　元宇宙打造超级数字场景

《罗布乐思》国服版正式于全平台上线(除华为渠道)。研发上,《罗布乐思》是风靡海外的 Roblox 的基本复刻,腾讯于 2019 年与 Roblox 合资成立了罗布乐思数码科技有限公司进行本地化和推广。发行上,《罗布乐思》国服版由腾讯代理,负责在大陆地区的发行。

截至 2021 年 7 月 16 日,《罗布乐思》七麦 iOS 免费榜平均排名第 6,畅销榜平均排名 418 名。TapTap 下载量 5.5 万,关注量 9 万,评分 6.6 分,上线以来正向评价较负向评价+99.40%。

此前《罗布乐思》曾在国服安卓端上线了一个测试版本,没有进行大规模宣传,App 也比较简陋,且由于平台的游戏内容过少(国区锁区导致海外优质的游戏没能引入),《罗布乐思》安卓测试版的评分较低。

《罗布乐思》的研发商 Roblox 于 2021 年 3 月 10 日在纽交所挂牌上市。腾讯在 2020 年 2 月时曾参与 Roblox 的 G 轮融资。

7.3.1　《罗布乐思》

《罗布乐思》是一款集体验、开发于一体的多人在线 3D 创意社区:玩家可以在《罗布乐思》注册一个虚拟身份,体验社区里的各种小游戏。目前在国服开放移动端 App，整体画风采用极简像素 3D 风格。

- 玩家的虚拟身份用于平台所有的游戏。
- 小游戏主要为多人游戏玩家可以和好友组队，也可以进入后随机匹配其他玩家共同游戏。
- 部分游戏内置收费项目，通过《罗布乐思》的虚拟货币"罗宝"购买，"罗宝"可以通过人民币充值获取。

普通玩家接触到的是《罗布乐思》的小游戏，但《罗布乐思》除了社区外，还包括 PC 端的游戏设计工具 Studio，社区里的小游戏全部来自创作者通过《罗布乐思》Studio 的创作。

从创作玩法看，《罗布乐思》是一款沙盒游戏，沙盒游戏由于其底层架构的原因，可以通过创作实现大量玩法。

《罗布乐思》充分满足了玩家的玩法需求和社交需求。Roblox 在海外流水和用户量均处于头部梯队，截至 2021Q1，Roblox 全球日活达到 4200 万人，游戏总时长达到 96.74 亿小时。根据 Sensor Tower 2021 年 6 月的全球热门移动游戏收入 TOP10，Roblox 移动端流水位居全渠道第四（iOS 端第三，Google Play 第 8）。受流水带动，近两年来，公司 Bookings 收入（即充值虚拟货币 Robux，对应国服的"罗宝"）持续保持快速增长。

而 Roblox 能吸引这么多用户，从纯玩家的视角看，是因为比起其他游戏，Roblox 社区实现了玩法众多、熟人/陌生人社交、即点即玩。

（1）玩法众多：《罗布乐思》作为一款沙盒游戏，玩家可以体验大量玩法，包括 RPG、MOBA、FPS 等主流玩法，其他游戏往往只能实现单一玩法。

在《罗布乐思》上可以同时玩到 RPG、MOBA、FPS 等绝大多数游戏玩法。即点即玩的特性下，玩家可以随时体验 *CS:GO* 的 Roblox 版本，而要体验真正的 *CS:GO* 只能通过下载 PC 端的游戏。Roblox 社区内还有大量类似 *CS：GO* 的经典游戏。相较于其他游戏只能体验某一种游戏玩法，《罗布乐思》可以轻松体验绝大多数玩法。

多人游戏为主，匹配便捷。《罗布乐思》多人游戏非常便捷，不仅可以邀请好友，同时也可以进入游戏后即时与陌生人匹配。

小游戏玩法多+便于多人游戏的模式如此受玩家欢迎有以下几点原因：

1）玩家对游戏玩法的兴趣点是不断变化的，游戏需求不局限于某一玩法。近年来，细分赛道的爆款游戏不断涌现，变化的原因在于玩家对于玩法的兴趣点在不断变化。而 Roblox 囊括一切玩法的特性，以及创作者可以通过较短的周期和低成本进行研发，使得玩家对于玩法的需求总能在平台上获得满足。

2）多人游戏的需求始终存在。近年来 Party Games（*Among us* 和 *Pummel Party*）的兴起，反映了多人游戏的需求始终存在。

这种模式特别适合中小学生的同学朋友关系，同时 Roblox 的画风和即点即玩、设备要求低的特性更适合学生群体。根据 Statistic，在海外，Roblox 的用户以学生群体为主，截止 2021Q1，Roblox 13 岁以下用户的日活达到 2130 万，占比达到 51.0%。

（2）熟人/陌生人社交：《罗布乐思》大力构建玩家社区。初始玩家大多来自于玩家推荐现实朋友进入社区，同时社区也提供了无门槛加好友，因此玩家既可以和现实朋友实现社交，也可以在虚拟平台进行陌生人社交。

《罗布乐思》社区功能占比较高，主要实现：导入外部好友、建立虚拟形象、陌生人交友。

1）导入外部好友：Roblox 在海外的推广，很大程度依赖于中小学生在校园内的口口相传。这种模式下的传播效果可能短期内并不显著，但是这使得进入平台的用户流量带着现实里的熟人关系。

《罗布乐思》在国内的宣传也有刻意引入用户熟人关系的考量：首先，《罗布乐思》主要的宣传阵地是校园，这也是考虑到海外 Roblox 的画像以学生为主。其次，《罗布乐思》在首页最醒目的位置设置有添加好友和好友概况，玩家可以通过外部来源（微信和 QQ）导入已有的好友资源。这一设置使得《罗布乐思》可以靠着微信和 QQ 庞大的流量池进行熟人间的扩张。

以熟人社交关系为基石的模式，使得《罗布乐思》可以对熟人社交需求进行一定的覆盖。

2）建立虚拟形象：《罗布乐思》第三分栏为"虚拟设计"，玩家可以设计一个用于 App 中所有内容产品里的虚拟身份。虚拟形象的属性、能力等没有差异，在虚拟形象设计里，差异主要体现在身体、服装、动画和动作。该部分也是游戏主要的付费点设计，玩家可以通过充值获得罗币购买付费形象。

3) 陌生人交友：《罗布乐思》第四分栏为"聊天"栏，玩家可以和好友进行自由对话。聊天栏中只能输入文字，无其他聊天元素。《罗布乐思》第五栏中"好友"分类可以通过昵称进行好友搜素，玩家可以进行游戏内虚拟身份的社交。

便捷的陌生人交友和匹配功能，使得线上线下、熟人陌生人社交需求均可以得到满足。

（3）即点即玩：《罗布乐思》大部分游戏比较轻量。同时，Roblox 在云端做了兼容，可以非常灵活地调配云端和客户端运行对资源的需求，这使得玩家打开客户端后可以立刻模拟和渲染世界，实现即点即玩。《罗布乐思》在国内由腾讯代理发行，其云端的架构应与海外一致，同样可以实现即点即玩。

《罗布乐思》有着非常庞大的创作者规模，根据其官网，全球有超过 700 万活跃创作者。而在国内，根据《罗布乐思》副总裁段志云的采访，2021 年 11 月在国服实现以万为单位的创作者规模。同时，《罗布乐思》非常重视培养创作者，从 2020 年 3 月起，与超过 7 所高校进行了《罗布乐思》Studio 创作者的联合培养和竞赛，并推出了多个合作项目。

《罗布乐思》能吸引庞大的创作者，是因为无门槛注册和全免费的模式下，降低了游戏创作的门槛，以及为创作者提供了稳定的分账模式。

《罗布乐思》Studio 降低了游戏创作的门槛的成本。游戏创作尚未出现庞大的业余创作者群体：目前市场上的游戏以 PGC 游戏产品为主，业余创作者的产品非常少，且在绝大多数人的观念里，游戏创作是专业工作室才能完成的。同为内容产品，影视创作有草根的业余影视创作者、小说创作有庞大的网文作者团队，其他内容产业的 UGC 团队在各自的领域有着明显的声量和收益，而国内的游戏创作尚未出现庞大的业余创作者团队，UGC 产品的成功案例也很少（《太吾绘卷》）。

而游戏创作尚未出现这样的业余创作者团队主要受限于 3 点：UGC 游戏创作工具有限、UGC 游戏产品上手门槛较低、游戏开发周期太长、成本太高。

（1）UGC 游戏创作目前只有以《罗布乐思》为代表的沙盒类游戏可以实现创作广泛的游戏类型。此前我们介绍了沙盒类游戏由于其底层架构，适合进行 UGC 游戏创作。除了沙盒类以外的 UGC 游戏创作工具，如 *DOTA2* 自定义游戏、《魔兽争霸 3》地图编辑器等，这类游戏衍生工具能生产的游戏类型局限于他们本身依托的游戏（*DOTA2*，《魔兽争霸 3》）。例如，*DOTA* 的编辑器必须建立于

MOBA 游戏的架构上，主要实现 MOBA、RPG、塔防等玩法，无法实现 FPS 游戏的玩法。

（2）《罗布乐思》Studio 较其他沙盒类游戏，上手门槛大幅降低，可开发的游戏更多。《罗布乐思》采用改进后的 Rolox Lua 进行游戏创作，优点是轻量化、速度快，且优化后较易上手。根据前 Roblox 软件工程师 Sam Rahimi 介绍，为适合小朋友使用，特意选择了简单易学的 Lua 作为玩家开发语言。对比《我的世界》使用 Java 编写的游戏较少，Libraries 等必要编程工具不足。

（3）《罗布乐思》研发成本和周期较低。无门槛全免费的模式，使得创作成本大大降低。《罗布乐思》Studio 的编辑器、服务器和大量的美术资源都是免费的。通常产品研发周期只需要 2～3 个月，版本快速上线只需要 24 小时。

《罗布乐思》为创作者提供稳定有序的分账模式。成熟的流水分成模式：根据 Roblox 招股说明书，《罗布乐思》会与创作者进行稳定的分账模式，创作者会获得一款游戏流水的 24.5%。2019 年，Roblox 团队对未来五年的发展预测中包括"一个 Roblox 的内容创作者年收入能超过 5000 万美元；会有百人规模的公司开发 Roblox 游戏；知名公司会开始将 Roblox 当作他们的主要平台之一"。公司将通过实质分成扶持创作者视为平台生态的重要战略。作为对比，国内主要沙盒游戏《迷你世界》在 2019 年下半年启动开发者功能小范围测试，2020 年初，启动星启计划，向《迷你世界》开发者分成超过 2000 万元。相比起同类型甚至运营较为稳定商业化比较完善的沙盒游戏，《罗布乐思》在开发者激励上成熟得多。

官方持续的大力扶持：《罗布乐思》不仅和游戏创作者分成一款游戏产生的收入，更推出了大量的创作者扶持计划。《罗布乐思》上线初期，签约作品即可获得 10000 元/月的奖励，开发者入驻即获得 3500 元/月/人。从 2021 年 1 月起，《罗布乐思》官方推出了千万级奖金激励，并与快手推出了开发者创意活动。优秀作品可以通过作品征集活动在《罗布乐思》App 获得推荐位的曝光，以此激发创作者热情。

维护创作者权益：《罗布乐思》禁止玩家通过不联网的方式打开地图，另一款沙盒游戏 *Minecratft* 则可以通过私人服务器实现部分联网或者离线打开地图。《罗布乐思》完全阻断了盗用创作者产品设计的可能，进一步维护了创作者权益。

《罗布乐思》和其他游戏的差异，表现在其定义的元宇宙特性。根据 Roblox

招股说明书，元宇宙有八要素：身份、朋友、沉浸感、低延迟、多元化、随地、经济系统和文明。

（1）身份：并非单一游戏的身份，而是社区化的身份。玩家在游戏中都会注册一个虚拟身份，但是不同于其他游戏的是，《罗布乐思》的虚拟身份大多是以线下关系为基础的，同时也可以在虚拟社群里使用。

（2）朋友：以现实熟人关系为基础，在社区里进行虚拟关系的扩张。相较于大部分游戏中，玩家刻意把游戏里的身份和现实身份分离，《罗布乐思》立足于现实熟人关系，但是也为用户提供了虚拟关系的便捷交友。

（3）沉浸感：罗布乐思可以实现线上线下诸多功能，使得其社区更趋近真实的社区。其他游戏主要围绕着本身游戏的玩法以及游戏内的社交关系，玩家的生活无法被游戏替代太多。而《罗布乐思》由于 Studio 强大的功能和丰富的内容供给，未来有望在教育等领域扩张更多丰富的内容。2020 年 10 月，Roblox 与 Wave 合作推出了 LilNasX 线上演唱会。也有玩家在 Roblox 上进行生日聚会，教育工作者通过 Roblox 创建自己的课程教学。2021 年年初（1 月 6 日），Roblox 还宣布已为"human experience platform（人类体验平台）"筹集了 5.35 亿美元。

（4）低延迟：罗布乐思通过云端的建设实现了即点即玩。

（5）多元化：低门槛的创作工具使得创作者可以自由创建自己想要的世界。大规模创作者的入驻，为平台带来了大量的创意，形成多元化的社区。

（6）随地：Roblox 打通了 PC 端和移动端，未来《罗布乐思》国服版也有望实现。轻体量+多端口+即点即玩，使得 Roblox 的世界入口门槛并不高，随地进入。

（7）经济系统：稳定有序的开发者创作分成模式使得平台玩家能够获得稳定收益。类比《梦幻西游》，有着有效的经济调节，这使得玩家在游戏中的投入和收获不会出现严重的贬值，因此很多玩家会沉淀在游戏内。《罗布乐思》则更进一步，通过更加可调控的 Robux（"罗宝"）使得平台的经济系统运行更加稳健，创作者和玩家消费形成稳健的循环。

（8）文明：大规模的内容创作下催化了优质的游戏内容。

这些特性总结一下，在强大的 Studio 功能下，《罗布乐思》社区较普通的游戏能突破游戏界限，提供一个实现功能更多的虚拟世界；同时，覆盖更多的需求，让过去线下社交、教育等需求也可以在平台上完成。

《罗布乐思》元宇宙所处的阶段，类似快手从工具走向社区化的进程。快手早期以 GIF 制作工具起家，在 2012 年开始向社区转型。于 2013 年引入了去中心化算法加强了创作者曝光的机会，2014 年一批 YY 主播进驻快手平台，获得第一批以师徒、家族等社交关系为核心的社区。《罗布乐思》目前的成长模式类似于快手从工具转型社区的思路，但是由于创作的内容是以游戏为主的功能产品，而非短视频这类内容产品，《罗布乐思》的产品能够为玩家提供大量实际的功能（如现有的多人游戏、教育、聚会或演唱会等），玩家可以真正"生活"在其中。随着逐步满足社区用户线上线下更多的需求，从而形成一个相对于现实世界的"元宇宙"社区。快手与《罗布乐思》的比较：

（1）快手短视频降低了创作视频的门槛，《罗布乐思》Studio 降低了游戏创作的门槛。两者都是将原本 PGC 的内容产品降低到 UGC 都可以完成，使得大量创作者出现。

（2）快手通过去中心化算法强化创作者曝光的机会，罗布乐思通过创作者分成和扶持帮助创作者增加内容，使得社区内容稳步扩张。这两个举措的本质都是为了让大量创作者的内容得到曝光的机会，这两个策略都使得活跃的创作者规模大幅提升，能够在各自的社区上稳定创作，进一步扩大社区的内容/产品的数量。

（3）快手第一批用户以社群（YY 主播和其家族）为纽带，罗布乐思主要用户也是注重社群关系。Roblox 在海外主要由现实熟人关系的交流实现用户沉淀和扩张，快手则是通过 YY 主播虚拟但是粘性高的社群关系实现用户沉淀和扩张。

从这个角度来看，《罗布乐思》之所以不同于其他游戏，更接近"元宇宙"的概念，其核心原因在于：通过海量的创作内容，使得平台可以实现的功能大大扩张，广泛的玩家群体从一个在游戏世界里的被动消费者变成了一个真正生活在这个世界中的人。玩家在其他游戏里，是无法覆盖线下社交、众多玩法体验等需求的。但是，《罗布乐思》由于其强大的游戏功能和社区性，模糊了线上线下的差异，实现了对更多玩家需求的覆盖。

7.3.2　《失控玩家》

《失控玩家》票房火爆，展现沙盒游戏元宇宙终极形态。根据 1905 电影网报告，截至 2021 年 9 月 4 日，《失控玩家》在国内上映以来每日连续"霸榜"，票房累计已达 3.25 亿。《失控玩家》是对当今游戏文化的探讨和创新，发行方迪士尼希望塑造一系列独立 IP，未来有望打造形成"自由城"元宇宙。更值得注意的是，《失控玩家》以《自由城》游戏为蓝本，展现了一个高度拟真的元宇宙世界，具有同步和拟真（玩家打造个性化皮肤）、开源和创造（具有极高自主行动力的NPC）、永续（持续迭代的城市经济和社会）、闭环经济系统（玩家可通过完成"任务"赚取虚拟币升级装备）四大元宇宙核心属性。

　　能够改变甚至创造世界的沙盒游戏才是元宇宙的雏形。沙盒游戏通常由一个或多个地图区域构成，往往包含多种游戏要素，包括角色扮演、动作、射击、驾驶等。沙盒游戏大多无主线剧情，普遍以玩家生存为第一目标，探索和建设为第二目标，最后改变世界达成某项成就为最终目标，比较典型的沙盒类型游戏有《我的世界》《饥荒》《乐高无限》等。与开放世界游戏不同的是，沙盒游戏不仅具有高自由度、随机突发事件、地图巨大、交互性强等前者所有特点，而且能够改变和创造世界，也就是说具有持续演进和开放性的根本特点。《失控玩家》里的《自由城》展现出的就是典型的沙盒游戏形态。虽然《自由城》的风格和玩法设定与GTA5等经典游戏较类似，但明显更具开放度和自由度。

　　最值得注意的是，《自由城》的NPC AI 引擎具有极强的自我进化能力，能够根据游戏世界里的所见所闻和与玩家互动的过程中不断"积累经验"，并推理决策出断的行为动作，从而令玩家在游戏中的体验更具趣味性，如同在观看一场虽然遵循剧本发展但演员却无时无刻不在"即兴表现"的开放电影。AI 是令元宇宙更具创造性、拟真性的关键变量，随着机器学习数据量的不断积累和算法的改进，AI 最终或在元宇宙中演化为"数字人"。

7.3.3　游戏 AI 进化史

　　什么是游戏 AI？AI 在电子游戏诞生之初就扮演着不可或缺的重要角色。最初的游戏 AI 按照固定的脚本设定工作，行为状态有限且可预测，即使增加游戏中AI 智能体的种类、数量，也只能延长玩家"厌倦"的时间，玩家体验还是相对枯燥的。其后演化出的有限状态机与行为树 AI 令游戏中玩家的体验更加丰富化。状态机与行为树本质也是游戏设计者在编写 AI 代码时已经提前预设好的各种策略、行为的组合，通常情况下也比较死板，并且一旦玩家摸清了 AI 的规律，可能触发各种诡异的 bug。近年来，机器学习技术被逐渐的引入游戏 AI 编写中，智能体通过大量数据的训练，得到一些"判别模型"，能够根据任意输入数据输出对应的判别答案。这种 AI 在人机对抗类游戏中能极大提高玩家挑战的难度，如 OpenAI 公司训练出的 DOTA2 1V1 SOLOAI 在 2017 年 DOTA2 国际邀请赛上轻松战胜著名选手 Dendi。但是在近期出现的开放世界和沙盒游戏中，AI 的使命或许不仅是提高玩家挑战性，更重要的是提高智能性和不可预知性，因为此类游戏的目标已经不简单是任务的完成与胜负的判别，更重要的是玩家在虚拟世界各种形式自我价值的实现。

游戏 AI 怎么工作？与大部分 AI 算法的设计流量类似，游戏 AI 的模型也基本可分为感知、决策、行为 3 个模块。其中，感知模块主要模拟智能体的感官，从而获取一定程度的信息，用于之后的决策判断，如视觉感知、听觉感知和其他感知方式分别可模拟人类的视觉、听觉和短信等信息获取方式；决策模块是 AI 设计中最具挑战性也最有价值的算法设计部分。从状态机、行为树、效用系统再到分层任务网络，AI 的状态越来越多元化，决策结果越来越灵活性，也越来越展现出更强的"智能性"。尤其在目标导向型行动计划和分层任务网络的算法模型中，大量应用机器训练和推理技术，但是否真正实现"人工智能"，第一取决于样本量是否庞大、充分（依靠堆砌算力可解决），第二取决于目标与先决条件的设定是否合理（也受到法律法规限制）。游戏 AI 的 3 个阶段及主要特征如图 7-2 所示。

游戏 AI 的发展将经过 3 个阶段，AI 在游戏中的角色也从"完成游戏"到"玩游戏"再到"创造游戏"。游戏 AI 运行的 3 个模块和主要算法如表 7-2 所示。

阶段一：AI 设计主要为了游戏完成度，最大限度提升玩家的体验。游戏 AI 最初是作为固定的脚本嵌入在代码中，这种 AI 的优势是体积小、编写简单，但只具有固定行为和有限的随机元素，因此可以认为是游戏设计的一部分。后续的状态机、行为树等 AI 算法令状态与属性的变量大大丰富，但游戏时间过长后仍然会给玩家过于死板的感觉。以上 AI 算法多用于单机游戏或简单的半开放式网络游戏中，本身的设计初衷就是更好地配合玩家完成整套游戏的剧本流程。而近年来快速发展的机器学习 AI 具有"自发解决问题"的特点，但由于输入数据维度过高、判别决策时间过长等原因很少运用在单机游戏中，但在 AI 算力云端承载的开放式网络游戏或 VR 平台中，或发挥更明显的优势。

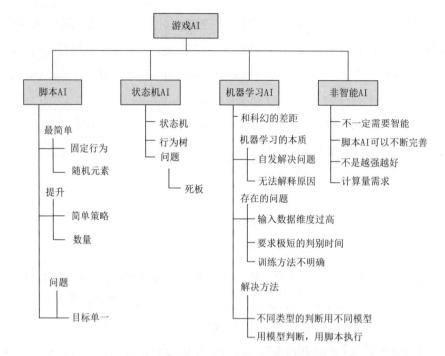

图 7-2　游戏 AI 的 3 个阶段及主要特征

表 7-2　游戏 AI 运行的 3 个模块和主要算法

流程模块	主要算法	算法描述	游戏举例
感知模块	视觉感知	在智能体的视线范围内（圆形、扇形或视椎体）判断是否出现目标及识别目标位置、属性	智能体在视线范围内发现敌人
	听力感知	在一个圆形/球形范围内通过智能体听力感知声音来源、声音大小和距离	智能体根据声音大小选择进入警戒状态
	其他感知	在一些情况下智能体需要知道的各种杂项信息，如 NPC 间的信息互动、玩家是否执行了某个动作等	智能体接收到无线电消息采取支援行动
决策模块	有限状态机	在几个有限设定的状态之间根据状态机描述循环进程	智能体在巡逻、查看、攻击、逃走 4 个状态间循环
	分层有限状态机	在有限状态机中增加了"滞后"的状态，使用多层嵌套结构返回"历史状态"	智能体处理完临时事件回到巡逻状态

续表

流程模块	主要算法	算法描述	游戏举例
决策模块	行为树	树形结构，每个节点都代表一个行为，每个行为都可以有子行为。整个算法先从树的根部开始，然后开始检查每一个先决条件。全部检查后，执行优先级最大的	即时战略游戏中重复几套固定流程的 NPC 主要算法
	效用系统	根据权重、比率、队列和许多需要考虑的事项做出最优选择，使 AI 比普通的行为更有头脑，使得接近优选的解都有一定几率被选中	《模拟人生》的 NPC AI 主要算法
	目标导向型行动计划	提供给智能体一系列可能的动作作为对这个世界的描述，和每个动作使用的先决条件，和行动带来的影响，AI 根据初始状态和设定要达到的目标计划达成路径	NPC 根据设定的初始目标一步步完成，产生动态不可预知又有趣的行为
	分层任务网络	将最高级的任务分解成更小的任务再继续分解直到解决问题，每个高级任务都有很多方式被完成，当前世界状态决定高级任务要分解成哪组小任务	NPC 根据设定的高级任务寻找路径并完成一系列有趣的复合任务
行为模块	动作执行	负责处理决策模块输出，执行对应的各种行为接口	NPC 执行攻击、防御、逃跑等一系列基本动作
	动画执行	负责处理决策模块输出，NPC、场景、地图等执行对应的画面渲染或动画播放	触发特定场景动画效果，如爆炸、眩晕等

　　阶段二：AI 更具智能性和自主性，极大丰富玩家的体验。AI 是否变得"更聪明"，其中一个很重要的因素是游戏设计者是否"想让他们变聪明"。由于传统的游戏是围绕玩家打造的，对于游戏制作者来说，让玩家获得更好的游戏体验才是最重要的。但在开放式游戏或沙盒游戏中，玩家没有明确的任务目标，而是享受在开放世界中探索、社交、创造的乐趣，因此更具自主性的 NPC、能够随时间演化迭代的环境属性设计将成为提升玩家体验必不可少的元素。目前，很多开放世界游戏开发了更加真实的 NPC，除了独特的个性、背景，甚至能拥有自己的思

维方式。物理沙盒游戏 *Modbox* 开发者通过将 Windows 语音识别、OpenAI 的 GTP-3 算法与 Replica 的自然语音合成技术融合打造的游戏 Demo 中 NPC 能够自由与玩家对话。这是 NLP 算法提升游戏 AI 智能性的典型案例。未来，机器视觉、机器推理、深度学习等算法的引入和优化将带给玩家更加真实的体验。

阶段三：AI 参与数字世界的设计和创造。在一些游戏设计中，设计者的目标已经不仅仅是让 AI 去控制 NPC 的行为，而是让 AI 掌管整个游戏或者具备设计能力。随着游戏的进行，AI 可以为玩家生成随机的地图、关卡。例如，NVIDIA 在 NeurlPS 大会上展示了一种游戏开发工具，这种工具中的 AI 可以在千万段影片中学习辨别建筑物、道路等不同物体，再配合摄像头把拍摄到的汽车、建筑物等制作组成 3D 场景，从而减少游戏或 VR 内容的开发时间和成本。而这些能力，或也将作为开发和仿真 KIT 被集成进 NVIDIA 的"元宇宙"开发平台 Omniverse 中。此外，AI 还可以利用机器学习、数据挖掘等方式根据每个玩家的习惯定制适合他的元素，从而修改、优化游戏的整体设计。这一属性在元宇宙平台中更具有开源性和永续性，将极大地加速元宇宙拟真的速度，甚至创造出比现实世界更丰富多彩的数字世界。

是否会产生具有"自我意识"的数字生命体 AI？《失控玩家》对于游戏中 NPCAI 能力的思考引发了另一层面的 AI 伦理讨论。根据腾讯研究院的观点，"智能"是指完成复杂目标的能力，而"意识"则是解决问题过程中的主观体验，就技术层面而言，AI 获得自我意识具备较高的可能性。因为意识的整体水平并不取决于它所在的系统，而取决于信息量与整合程度。AI 的信息量处理能力毫无疑问是远超人脑的，如果未来的计算机各晶体管和存储单元之间的连接足够复杂，形成类似于人脑神经元之间的复杂整合能力，那么 AI 或可以有意识地感知任何场景。但从基本的层面讲，目前人类对 AI 的设计定位还仅在于更好地协助人类完成事务，AI 的设计从根本上受到各国法律的限制和保护。AI 的自我意识"觉醒"奇点或来自于深度学习的加速，但最后与人类的利益关系决策来自于基本的伦理准则的设定。

7.4　中国电信打造元宇宙平台和内容生态

在中国电信 5G 创新应用合作论坛上，中国电信旗下公司新国脉公布了元宇宙战略布局，以元宇宙新型基础设施建设者为定位，立足创新应用成果，启动 2022 年"盘古计划"。新国脉的前身是号百控股，为中国电信旗下 A 股上市企业，主营业务是云游戏、云视频、动漫、AR/VR 等。

中国电信集团副总经理唐珂在致辞中表示，新国脉元宇宙布局将依托中国电信云改数转战略，围绕产品研发、内容汇聚、应用创新等方面，加大 5G 业务和终端创新，推进天翼超高清、云 VR、云 AR、云游戏等生态合作，助力元宇宙场景快速落地，满足美好数字文化需求。新国脉发布了新一年"盘古计划 2.0"。聚焦赛道、底层技术、盘古计划、战略布局，连接用户+场景+终端+网络。新国脉将深耕 5G 个人/企业应用，打造融媒体云新型基础设施平台，赋能元宇宙相关产业为演进视图。

中国电信卫星产业合作论坛暨中国电信天通物联网发布会在广州召开。作为卫星通信网络运营商和卫星通信解决方案提供商，中国电信以建设区域领先、国际知名的卫星通信综合智能信息服务提供商为愿景，秉承天地一体，协同创新，连接美好生活的使命。

天通卫星物联网业务是将天通卫星通信网络与地面物联网技术深度融合，结合中国电信地面物联网业务，为客户提供的综合通信解决方案。天通物联网业务是中国电信"陆海空天"一体化泛在信息网络建设的重要组成部分，是构建万物互联的智慧世界和数据经济的重要支撑。天通卫星网络与地面物联网深度融合有助于加强偏远地区的网络覆盖，将加快物联网应用的持续推进、连接数量的快速增加，相关模组厂商有望受益[56]。

在 2021 国际数字科技展暨天翼智能生态博览会期间，中兴通讯与中国电信签署数字家庭战略合作协议，双方将聚焦各自核心竞争力，围绕产业数字化战略落地，深化现有合作基础、拓展合作领域。同时，双方宣布正式启动"云终端飞扬计划"，助推终端产业高质量发展，促进联盟伙伴合作共赢。此外，中兴通讯与中国电信联合发布 Wi-Fi6+路由器、云路由器等在内多款智慧家庭新品，为用户提供千兆高速网络、云服务等丰富体验，共同助推智慧家庭业务发展与深化。

数字家庭战略合作协议将重点聚焦三大内容，围绕畅享数字生活，携手打造全屋光纤组网、全屋智能、家庭娱乐等领域的家庭终端精品方案。中兴通讯已累计为中国电信市场提供千万量级的无线路由器、智慧中屏、AI摄像头等创新产品。中国电信拥有大量的家庭宽带用户，中兴在网络、终端等领域拥有深厚的技术积淀，此次强强合作将进一步拓展数字家庭解决方案市场。

> **玩转元宇宙**
>
> 元宇宙在会展展览、房地产、应急演练、场景营销、农场经营、冷链物流等方面蓬勃发展，在这些方面的应用将会井喷式出现。"互联网+"演化为"元宇宙+"的趋势将不断加速。

参考文献

[1] 左鹏飞. 最近大火的元宇宙到底是什么？[N]. 科技日报, 2021-09-13（6）.

[2] 袁之心. 2021年元宇宙十大关键词[J]. 中国中小企业, 2022（1）：17-20.

[3] 庄双博. 元宇宙的崛起[J]. 中国民商, 2021（11）：2-3.

[4] 刘煜. 万物皆可元宇宙的时代来了？[J]. 留学, 2022（Z1）：110-112.

[5] 沈思涵. 元宇宙距离我们还有多远？[J]. 商学院, 2021（12）：75-77.

[6] 杨赞. 引爆科技圈的"元宇宙"[J]. 方圆, 2021（31）：66-67.

[7] 智微. 元宇宙, 从概念走向流行[J]. 秦智, 2021（6）：5-7.

[8] 张青西. 互联网时代公民"第三身份"的传播学研究[D]. 武汉：中南财经政法大学, 2017.

[9] 肖风. 元宇宙 虚实相生的网络世界[J]. 培训, 2022（1）：7.

[10] 王文喜, 周芳, 万月亮, 等. 元宇宙技术综述[J]. 工程科学学报, 2022, 44（4）：744-756.

[11] 李君利. 数字媒体艺术与现代展示设计的结合性研究[J]. 新闻研究导刊, 2020, 11（5）：74-75.

[12] 刘小玲. 服装设计要素和法则的智能配搭设计探讨[J]. 大众文艺, 2018（12）：68-69.

[13] 彭茜. 元宇宙如何赋能新闻报道创新[J]. 中国记者, 2022（3）：92-95.

[14] 赵东山, 刘哲铭. 腾讯字节跳动争夺元宇宙入场券[J]. 中国企业家, 2021（10）：80-83.

[15] 金立刚. 资本入局元宇宙的底层逻辑[J]. 中国商界, 2021（12）：54-55.

[16] 冯锐. 新媒体时代户外广告的发展趋势分析[J]. 环球市场信息导报, 2018（10）：111.

[17] 陈雅珺. 从减压出发探讨现代书籍设计的互动性应用[J]. 大众文艺, 2019（3）：95-96.

[18] 逯恩绮．交互式动画在数字媒体中的应用分析[J]．传播力研究，2019（24）：50．

[19] 梁雅祺．浅析新媒体时代VR技术在主题性展览中的应用[J]．中国传媒科技，2020（12）：72-74．

[20] 兰建平．数字化改革与元宇宙经济新赛道[J]．浙江经济，2021（11）：13．

[21] 欧阳峰，姜昊，汤新坤．《5G高新视频——云游戏技术白皮书（2020)》解读[J]．广播与电视技术，2020，47（11）：32-35．

[22] 华劫．云游戏影响下的游戏产业版权问题及发展趋势探析[J]．中国版权，2021（2）：46-50．

[23] 张心怡．百人访谈|张贺飞:云游戏很可能是5G时代的杀手级应用[J]．大数据时代，2021（8）：22-31．

[24] 陈娜，胡倩倩，曹三省．面向智能融媒体的VR超高清应用创新发展[J]．传媒，2020（6）：11-15．

[25] 张芳芳，刘仪辉．VR技术在多媒体课件制作中的应用探究[J]．软件，2021，42（2）：54-56．

[26] Stadia太慢！国内云游戏试图抢跑[J]．新潮电子，2020（2）：93-95．

[27] 樊云香．网络游戏虚拟社群中的传播与社会互动[J]．城市周刊，2021（5）：87．

[28] 吕浩榜．虚拟主播文化消费内涵探析[J]．传播力研究，2021，5（12）：58-59．

[29] 葛飞飞．大数据分析平台建设与应用综述[J]．科技风，2017（25）：54+59．

[30] 毕叶．游戏艺术在数字博物馆中的应用及创意方案[D]．杭州：中国美术学院，2018．

[31] 方亚东．基于WebRTC的视频通信在公路网应急系统中的研究与实现[D]．武汉：武汉理工大学，2016．

[32] 郭冬雨．基于博弈论的移动云游戏资源优化研究[D]．天津：天津大学，2019．

[33] 李楠．全球竞争下5G技术与中国文化创意产业的融合策略探析[J]．数字通信世界，2021（03）：146-147．

[34] 林鹏．5G云游戏平台组网关键技术探讨[J]．互联网天地，2020（1）：34-39．

[35] 沈雅．能畅玩多款3A游戏大作 天翼云游戏[J]．计算机与网络，2021，47（4）：30．

[36] 张力平."小而美"的边缘计算[J]. 电信快报，2018（2）：48.

[37] 穆向昕. 技术融合对音视频技术集成的影响[J]. 演艺科技，2020（Z1）：77-79.

[38] 谢玮，夏水斌，何行，等. 基于边缘计算的电力末端融合系统的优化[J]. 电测与仪表，2019，56（16）：61-66.

[39] 何为民. 当前物联网应用中，边缘计算存在的问题分析[J]. 单片机与嵌入式系统应用，2020，20（08）：3-4.

[40] 黄守明. 面向区块链物联网的众包流程设计及其共识算法分析研究[D]. 重庆：重庆邮电大学，2020.

[41] 李翠. 以用户为中心的 Web 信息架构设计研究[J]. 网络安全和信息化，2021（12）：34-35.

[42] 罗熹，安莹，王建新，等. 内容中心网络中能效感知的概率性缓存机制[J]. 电子与信息学报，2016，38（08）：1843-1849.

[43] 朱雷雷，殷浩. 云计算技术在省级公路行业的设计与实现[J]. 公路交通科技（应用技术版），2019，15（01）：280-283.

[44] 陈杰. 算力时代能否抓住芯片产业新机遇[J]. 中国科技财富，2021（4）：29-30.

[45] 宋子航. 云计算数据中心间网络通讯技术的研究与应用[D]. 桂林：桂林理工大学，2014.

[46] 崔超，张信哲. 从"虚拟物品"到"数字资产"——区块链技术将如何影响游戏生态[J]. 数码世界，2019（9）：47.

[47] 胡姜文，苏志红. 区块链在供应链金融领域的应用研究[J]. 河北金融，2021（5）：4-8，44.

[48] 魏成龙，郭琲楠. 基于区块链技术的金融服务创新[J]. 金融科技时代，2019（4）：13-19.

[49] 张鑫海. 基于区块链的数字货币多方支付研究[D]. 成都：西华大学，2021.

[50] 郭春宁. 元宇宙的艺术生成：追溯 NFT 艺术的源头[J]. 中国美术，2021（4）：13-19.

[51] 赵紫薇. 游族网络游戏公司盈利模式及其财务评价[D]. 北京：北京化工大学，2021.

[52] 《股市动态分析》研究部. 万兴科技：巨额投资墨刀[J]. 股市动态分析，2020
     （12）：38.

[53] 薛阳达. 元宇宙：未来互联网[J]. 金融博览（财富），2021（11）：92-93.

[54] 《股市动态分析》研究部. 元宇宙："馅饼"还是陷阱？[J]. 股市动态分析，
     2021（22）：6-10.

[55] 薛静宜. 元宇宙在广电行业的探索与应用[J]. 广播电视网络，2021，28（10）：
     102-103+107.

[56] 刘鹤群. 物联网形势下 5G 通信技术的应用[J]. 计算机编程技巧与维护，2020
     （9）：163-164+169.